ESTHER VERHOEF-VERHALLEN

De Engelse en Franse bulldog

ZUID BOEKPRODUKTIES

De Engelse en Franse bulldog

2e druk 1996
Omslagontwerp: Ton Wienbelt, Den Haag
Redactie, produktie en lay-out: TextCase, Groningen
Zetwerk: Anja Boertien

ISBN 90 6248 803 X

Inhoud

Voorwoord **9**

1. De geschiedenis van de bulldog **13**
De Engelse bulldog 13
De Franse bulldog 19

2. Het karakter van de bulldog **23**
De Engelse bulldog 23
De Franse Bulldog 25

3. Uw puppy **31**
Is een bulldog geschikt voor u? 32
Reu of teef? 35
De aankoop van uw puppy 38
De keuze 41
Naar huis met uw pup 43

4. De opvoeding **47**
Zindelijk maken 47
Wat mag wel en wat mag niet? 49
Socialiseren 50

5. Training **55**
Basisbegrippen 55
De puppycursus 64

6. Verzorging **67**
De basisuitrusting 67
De elementaire verzorging 68

	Parasieten	74
	Entingen	76
	Warmte	79
7.	**Ziekten *(J.W.H.M. Strikkers, dierenarts)***	**83**
	Baarmoederontsteking	84
	Voorhuidontsteking	85
	Jeuk	86
	Anaalklierovervulling	90
	Ingegroeide staart	91
	Vetzucht	91
	Obstipatie	92
	Diarree	92
	Kennelhoest	93
	Shocktoestand	93
	Vergiftiging	94
	Ademhalingsproblemen	95
	Rugproblemen	97
8.	**Voeding**	**99**
	Verschillende soorten voeding	100
	Kauw- en beloningsartikelen	103
	De juiste hoeveelheid	106
9.	**Rasstandaarden**	**109**
	De Engelse bulldog	109
	De Franse bulldog	114
10.	**Tentoonstellingen**	**119**
	Waarom naar een tentoonstelling?	120
	Ringtraining	122
	Benodigdheden	125
	In de ring	126

Tentoonstellingsbegrippen 129
Klassenindeling 130

11. Fokken **133**
Voorbereidingen voor de dekking 134
De draagtijd 136
Natuurlijk bevallen of keizersnede? 137
Flesvoeding 142
De puppy's groeien op 144

Belangrijke adressen **149**

Dankbetuiging **151**

Voorwoord

De laatste jaren is de populariteit van de Franse en Engelse bulldog enorm gestegen. Dat is ook niet verwonderlijk, want Engelse en Franse bulldoggen zijn lieve, toegewijde huisdieren. Zij kunnen het prima vinden met andere huisdieren en kinderen, zijn niet te groot van formaat en vragen niet veel tijd voor de vachtverzorging.
Bulldoggen hebben minder behoefte aan beweging dan honden van andere rassen. Vooral de Engelse bulldog is volledig ongeschikt voor mensen die graag urenlange wandelingen maken.
Het uiterlijk is op zijn minst merkwaardig te noemen en niet te vergelijken met andere honden. Geen mens passeert een bulldog zonder om te kijken en zich te verwonderen over het markante uiterlijk. Een bulldog is een bijzondere hond.
Zij zijn niet kefferig als een schnauzer of keeshond, zodat zij zelfs in drukbevolkte steden nauwelijks voor overlast zorgen. Desondanks laten ze zich wel gelden als ze voelen dat mensen kwaad in de zin hebben. Een bulldog is er als het nodig is, hij waakt zelfs terwijl hij slaapt.
Ze zijn over het algemeen gemakkelijk op te voeden. Er is geen straffe hand voor nodig. Een bulldog zal zich zelden tegen zijn baas keren om zijn dominantie te laten gelden, tenzij hem onrecht wordt aangedaan.
Bulldoggen zijn intelligent, en met name de Franse bulldog kan zich meten met 's werelds beroemdste clowns. Als zij voelen dat alle ogen op hen gericht zijn, trekken zij, genietend van de aandacht, de vreemdste gezichten en maken wonderlijke geluiden. Bulldoggen zijn dan ook geschikt voor zwaarmoedige mensen, want ze kunnen het niet laten de boel op te vrolijken.

Door zijn handige formaat kan de bulldog overal mee naartoe genomen worden en de eigenaar is geen kapitalen kwijt aan voeding, zoals bij een groot honderas. De bulldog is in zijn ziel een grote hond, maar dan in een wat handzamere uitvoering. Hij heeft niet alleen het karakter van een grote hond, maar ook de spieren en de kracht. Als kameraad voor een al aanwezige uit de kluiten gewassen dogachtige is geen ander honderas beter op zijn plaats.
Ze zijn vrij ongevoelig voor pijn. Worden zij onder de voet gelopen door een grotere soorgenoot, dan blijven zij niet piepend en ontdaan op de grond liggen. Ze gaan de uitdaging en het spel aan, en staan hun mannetje.

Al deze eigenschappen bij elkaar maken de bulldog tot de ideale hond van de jaren '90. Zij passen zich aan de omgeving aan, en voelen zich zowel op het platteland als in een drukbe-

Een bulldog kwijnt weg in een kennel

volkte grote stad thuis. Toch zijn bulldoggen niet geschikt voor iedereen.
De bulldoggen heeft ondanks zijn meegaande karakter één ding nodig om een gelukkig leven te kunnen leiden. De liefde en aandacht van zijn gezin is voor hem van levensbelang. Hij kan niet weggestopt worden in een aparte kamer of buiten in de kennel. Hij moet kunnen deelnemen aan alle activiteiten van het gezin. Een bulldog die weinig aandacht krijgt, wordt triest en zwaarmoedig. U zult het merken als u hem door omstandigheden een aantal dagen moet negeren. Hij zal op een bijna menselijke manier zuchten en voor zich uit gaan staren. Laat het niet zover komen. Hij wil u graag bijstaan en voelt uw gemoedstoestand feilloos aan. Laat u door hem troosten, en voel u bevoorrecht met zo'n geweldige hond.

Bulldoggen zijn prima speelkameraadjes voor andere (grote) dogachtigen, zoals hier een Frans bulldogje en twee Duitse doggen

1. De geschiedenis van de bulldog

De Engelse bulldog

De Engelse bulldog is een zeer oud, Engels ras met een roemruchte, bloeddorstige geschiedenis. De grootste nationale happening in het Engeland van 1200 tot ongeveer 1835 was het zogenaamde 'bullbaiting'; het opzetten van verschillende honden tegen een stier. Bij deze gevechten werd er vaak ook grof gegokt. De stier werd vastgezet aan een paal in de grond, zodat zijn bewegingsvrijheid controleerbaar was. Op deze wijze ontstond er als vanzelf een cirkel, waarbuiten honderden toeschouwers het gevecht konden gadeslaan. Van de honden werd verwacht dat zij zich in de neus van de stier vastgrepen en daar bleven hangen, totdat de stier zich overgaf en dood of uitgeput ter aarde stortte. De honden mochten zich alleen in de neus of kop vastbijten, omdat men de huid verwerkte tot leer. Deze moest dus onbeschadigd blijven. In veel dorpen heerste het bijgeloof dat het vlees van een stier die zich eerst had moeten meten met de honden, beter en malser smaakte dan het vlees van stieren die deze kwelling niet hadden doorstaan. Het laat zich raden dat het 'bullbaiting' in die tijd ongekend populair was.

Dit wrede vermaak beperkte zich niet alleen tot de dorpen, waar arbeiders en boeren zich aan de 'sport' vergaapten. Ook de edelen en hooggeplaatsten woonden graag een dergelijk schouwspel bij. Stieren vonden de edelen wel wat gewoontjes. De Engelsen bleken enorm vindingrijk in het verzinnen van tegenstanders voor hun honden. Uit geschriften en gravures blijkt dat er gevechten werden georganiseerd waarin honden het op moesten nemen tegen paarden, ezels, beren, leeuwen en

Koeien en stieren hoeven tegenwoordig niet meer bang te zijn voor de Engelse bulldog

zelfs ijsberen! Het spreekt voor zich dat weinig wendbare honden met een beperkt uithoudingsvermogen en een laf karakter niet geschikt bleken te zijn voor deze 'sport'. De stieren waren sterk, en meer dan eens werden honden verpletterd onder de machtige poten van de stier of gespietst op de horens. Het was geen zachtzinnig spektakel.

Selectie

Door de jaren heen is de selectie van 'bullbaiting'-honden steeds meer toegespitst op honden die zich qua karakter en kracht met de stier konden meten. De bullebijters moesten laag op de poten staan en wendbaar zijn, zodat zij gemakkelijker een trappende of met zijn horens uithalende stier konden ontwijken. Zij moesten een zware, brede kop hebben, met krachtige kaken, die van geen wijken wisten als zij zich eenmaal hadden vastgebeten. De neus moest als het ware wat terug in de kop liggen, omdat de hond anders tijdens het 'hangen' geen adem meer kon halen. De achterhand moest lichter dan de voorhand zijn, want een te zware hond kon stukken vlees uit de stier scheuren, hierdoor de grip verliezen en verpletterd worden. Het karakter moest vasthoudend en moedig zijn en de pijngrens diende extreem hoog te liggen. Van de honden werd verwacht dat zij bleven doorvechten, ook al betekende het hun dood. Dit karakter noemde men 'game'. De hond moest dus 'game' genoeg zijn om te kunnen vechten. Deze term wordt heden ten dage nog steeds gebruikt bij illegale hondengevechten.

In de 17e eeuw was er pas voor het eerst sprake van het ras dat later zou uitgroeien tot de Engelse bulldog. Uit brieven uit die tijd kan opgemaakt worden dat er destijds regelmatig bulldoggen werden geëxporteerd. De export beperkte zich tot landen waar men het bullebijten wel kon waarderen, zoals Spanje.

Het ouderwetse type van de vechtende Engelse bulldog lijkt nog het meest op een boxer. Ook de wel zeer bekende grondleggers van het nieuwe type, 'Crib' en 'Rosa', afgebeeld op een schilderij van A. Cooper, lijken in alles nog meer op een boxer dan op de moderne Engelse bulldog.

De ondergang van het 'oude' bulldogtype

In 1835 kwam er uiteindelijk een einde aan deze wrede sport. Het ras begon al snel in verval te raken, aangezien er geen enkele taak meer voor was weggelegd. Voor de hondengevechten vond men terriër-achtigen, waaruit later rassen als de Staffordshire bullterriër, de bullterrier en pitbull zijn gefokt, geschikter dan de Engelse bulldog.

De Engelse bulldog werd verguisd en beschimpt, en het had weinig gescheeld of het ras was in die dagen uitgestorven. Gelukkig nam een aantal mensen het op voor de bulldog. Ze bestempelden hem als nationaal ras, en wezen anderen erop dat deze hond nauw verbonden was met de geschiedenis van Engeland. Een vervelend bijverschijnsel was dat de Engelse bulldoggen uit die tijd niet de vriendelijkste honden waren. Er was zoveel agressie en vechtlust ingefokt, dat je nauwelijks kon spreken van een gezellig huisdier. Mensen die destijds nog een bulldog in huis hadden, waren vaak onderwereldfiguren. Ook later was de bulldog nog steeds geen geliefd huisdier, getuige dit citaat uit een artikel dat in 1869 heeft gestaan in het tijdschrift *Kennis en Kunst*: 'De bulldog, een van de oudste rassen van het hondengeslacht in Engeland, is eigenlijk een zeer lelijke hond, die weinig deugden en vele gebreken heeft. Men behoeft de vierkante kop, die stompe wipneus, die hanglippen met wratten bezet en die kaken met grote en scherpe tanden slechts te zien om ineens te begrijpen dat men gevaar loopt onverhoeds door zulk een dier aangevallen en gebeten te worden. De stierhond (bull-dog) is van humeur knorrig en vals en valt zonder waarschuwing de onbekende aan die bij zijn hok komt, onverschillig of hij een fatsoenlijk man of een booswicht is, en houdt hem vast totdat zijn meester komt en hem beveelt los te laten.'

De opkomst van de moderne bulldog

Er werd een nieuw fokschema opgesteld, dat de bulldog een zachtaardiger karakter moest schenken. In de periode na 1835 was de bulldog geen 'werkende' hond meer. De fokkers konden zich dus volledig uitleven op de selectie van het type. De rastypische eigenschappen werden zwaar overdreven, en aan het einde van de 19e eeuw is het type bulldog ontstaan dat wij nu kennen. De bulldog van nu is een karikatuur van zichzelf geworden. Gelukkig heeft deze selectie ook het woeste karakter van de 'oude' Engelse bulldog veranderd in een lieve, trouwe en toegewijde huisgenoot. De bulldog van nu zal liever een gevecht vermijden dan het beginnen.

Achondrodisplasie

Het kan niet anders of ergens in deze evolutie moet een ziekte, achondrodisplasie, de kop op hebben gestoken. Deze ziekte kan zich op vele manieren uiten. Het is een erfelijke afwijking waarbij het kraakbeen van de ongeboren vrucht op een afwijkende manier verbeent. De ziekte wordt gekenmerkt door losse huidplooien, een geknikte staart, een groot bolvormig hoofd waarin de onderkaak voor de bovenkaak komt te staan, verkorte, dikke ledematen en een karperrug. Achondrodisplasie komt ook voor bij andere diersoorten en de mens. Vele andere honderassen zijn gefokt uit achondrodisplastische honden, zoals de teckel met zijn korte pootjes, en de basset. Geen enkel honderas heeft overigens zoveel vormen van achondrodisplasie in zich als de Engelse bulldog. Hierbij moet aangetekend worden dat een bijkomend verschijnsel van deze bouw intelligentie is. Een bulldog is dus nooit dom, zoals vaak ten onrechte wordt gezegd.
Op deze achondrodisplasten heeft men zich in de fokkerij toegelegd, wat geleid heeft tot de Engelse bulldog die wij nu kennen. De extreme lichaamsvorm is zijn handelsmerk geworden, maar laat geen lange wandelingen meer toe. Zijn neus is zo kort gefokt dat men in de zomer rekening moet houden met de warmte, waardoor hij gemakkelijk bevangen kan raken. Normaal geboren pups zijn eerder uitzondering dan regel, en dat is jammer. Toch moet men blijven selecteren op extremen om het rastype te behouden. Wanneer een Engelse bulldog gekruist zou worden met een normaal gebouwde hond, zou er weinig overblijven van de achondrodisplastische kenmerken.

De vervorming van de Engelse bulldog is prachtig beschreven in een gedicht van dhr. Fris:

Velen worden afgestoten door je brede, zware kop.
Schrikken van je sterke kaken, van je tanden die je maken
tot een schijnbaar boos slokop.

Breed je borst en rond je ribben, sta je als een blok graniet.
Zo, de kop wat neergebogen, zware rimpels om de ogen...
Nee, bekoorlijk ben je niet.

Mensen hebben, bij het fokken, jou misvormd, geheel verwrocht
(zonder staart, te korte poten en een neus als ingestoten)
tot een wonderlijk gedrocht.

Maar... je ogen zijn gebleven, groot en donker, vol gevoel,
daaraan konden zij niet raken, ogen zijn karakterzaken,
waar 'k 't diepste mee bedoel.

'Ogen zijn karakterzaken'

Wie jou eenmaal leerde kennen zal beamen wat ik meen:
dat je vriend'lijk bent en krachtig,
zonder angst, maar ook waarachtig, niet een hond voor iedereen.

De Franse bulldog

Over de geschiedenis van de Franse bulldog zijn de kynologen het nog steeds niet helemaal met elkaar eens. Er zijn meerdere hypothesen bekend, waarvan de aanhangers nog steeds proberen te bewijzen dat hun opvatting de juiste is. Ene George Krehl, een Engelse kynoloog, was bijvoorbeeld van mening dat de Franse bulldog een zeer oud ras was, afkomstig van de Burgos dog. Zijn bewijs hiervoor is een bronzen plaat uit 1625, waarop honden staan afgebeeld die sterke gelijkenis vertonen met de Franse bulldog. Ook het vleermuisoor ontbreekt niet bij deze honden. Op deze plaat worden deze honden benoemd als 'Burgos doggen'.
Een andere opvatting is van de in het begin van deze eeuw bekende kynoloog P. Megnin. Zijn visie was dat de Franse bulldog is ontstaan uit kruisingen tussen de destijds vooral in Parijs populaire doguins. Deze hond werd voornamelijk gehouden door mensen die zich beroepshalve ophielden met vee, zoals slachters en slagers. De doguin was een kleine dogachtige, die rond 1800 al een reputatie had opgebouwd als vechthond. Hij vocht tegen andere honden, maar ook tegen beren. Uit deze goguins werden decennia later de terriër-boules gefokt (niet te verwarren met bullterriërs). Deze honden hadden al veel kenmerken van de huidige Franse bulldog, met name de gedrongen lichaamsbouw, de gespierdheid en de typische kop wijzen in die richting. De terriër-boule week overigens wat staart- en oordracht betreft wel af van de Franse bulldog: zij waren wat men noemt 'rondom gecoupeerd'. Deze honden

Stamt de Franse bulldog af van de Engelse bulldog?

ten slotte zouden ingekruist zijn met dwergterriërs en mopshonden om de Franse bulldog te krijgen die wij nu kennen.

Een broertje van de Engelse bulldog?

De Franse bulldog stamt waarschijnlijk af van de Engelse bulldog. En deze verklaring van zijn afstamming heeft wereldwijd de meeste aanhangers. In de periode dat de populariteit van gevechten met honden tegen stieren en beren begon af te nemen, kwam er vraag naar een handzamer soort bulldog. Hij zou dus zijn ingekruist met o.a. kleine terriërs, die er debet aan zijn geweest dat de 'Toy-bulldog' zijn staande oren kreeg. Deze kleine bulldogs werden vooral in de streek rond Nottingham, Engeland, gefokt en gehouden als huishond. In deze streek leefden veel kantwerkers. De arbeiders kregen het zwaar te verduren toen de crisis in Engeland in deze industrietak toesloeg. De arbeiders vestigden zich daarna in Noordwest-Frankrijk, aangezien daar nog vraag was naar dergelijke arbeiders. Zij namen hun lievelingen, de 'Toy-bulldogs', met zich mee. In de periode daarna is men meer en meer gaan selecteren op het staande oor, waaruit het zo karakteristieke vleermuisoor is ontstaan. De invloed van Amerikaanse fokkers om het vleermuisoor te vervolmaken, wordt ook nog voor mogelijk gehouden. Er zijn verschillende afbeeldingen bekend van bulldoggen met vleermuisoren, die als onderschrift 'dwergbulldog' hebben. Deze afbeeldingen tonen dat deze laatste opvatting het meest voor de hand ligt.
Wat de juiste afkomst is van onze Franse bulldog, komen wij misschien nooit te weten. Wel is bekend dat in 1898 de Franse bulldog als ras erkend is. In dit jaar is ook de eerste standaard opgesteld. Deze standaard is ongewijzigd gebleven tot 1948, toen de Franse rasvereniging een aantal wijzigingen heeft aangebracht, die vervolgens door de FCI zijn goedgekeurd. Deze standaard is tot op de dag van vandaag geldig.

Franse bulldoggen waren geduchte tegenstanders

Bulldoggen zijn goedmoedig, maar beslist niet dom

2. Het karakter van de bulldog

De Engelse bulldog

Engelse bulldoggen zijn rustig, goedmoedig en eerder verlegen dan opdringerig. Zij houden van het gezelschap van mensen, maar vooral ook van kinderen. Een goed sociaal opgevoede Engelse bulldog zal een kind nooit kwaad doen. Hij voelt instinctief aan dat het kleine mensje geen kwaad in de zin heeft en kan daarom veel verdragen. Een Engelse bulldog zal zich aanpassen aan het gezin waar hij deel van uitmaakt en voelt zich niet tekort gedaan als hij alleen het huis en een ruime tuin tot zijn beschikking heeft. Hij moet een onderdeel van het gezin vormen. Als hij buiten in een kennel of in een aparte kamer, weg van het gezinsleven, zijn dagen moet slijten, wordt hij vernielzuchtig of kwijnt hij weg. Om het beste uit zijn karakter te halen, moet zijn mand in de huiskamer staan, zodat hij alle gebeurtenissen van het gezin kan volgen. De Engelse bulldog is in zijn jonge jaren speels en moet in de gelegenheid worden gesteld die speelsheid te uiten. Sommige overmoedige pups gaan wel eens aan broekspijpen hangen. Dit is misschien leuk als hij nog klein en schattig is, maar beter is het hem dit direct af te leren. Als hij eenmaal groot en sterk is, kan het een kwelling worden een onopgevoede bulldog in huis te hebben.
Een Engelse bulldog interesseert zich niet buitensporig voor andere honden. Gevechten met andere honden zal hij dan ook zelden beginnen. Pas als hij meerdere malen aangevallen wordt, gebruikt hij zijn machtige kaken. Zorg ervoor dat het niet zover komt door hem alleen te laten spelen met opgevoede, sociale honden. Een Engelse bulldog kan prima opschieten met andere huisdieren. Als hij van jongs afaan aan katten, kip-

pen enzovoort gewend zijn, hoeft u er niet bang voor te zijn dat hij andere dieren najaagt.
Een Engelse bulldog is intelligent. Hij kan veel leren, maar overdrijf het niet. Wilt u met hem gaan zwemmen, wees er dan op bedacht dat sommige exemplaren dit vanwege hun bouw niet kunnen. Door de kort gefokte neus kan de bulldog wel eens snurken in zijn slaap. Hier moet het gezin wel tegen kunnen, aangezien dit gesnurk door merg en been kan gaan.
Over het algemeen is de Engelse bulldog niet waaks, maar er zijn uitzonderingen. Blaffen en huilen doet hij zelden, zodat hij zelfs in een dichtbevolkte wijk andere mensen geen overlast bezorgt. Zijn hele karakter staat of valt met een harmonieuze opvoeding, een liefdevolle omgeving die hem laat voelen dat hij deel uitmaakt van het gezin. Zijn opvoeding kan in alle rust geschieden, maar zoals bij alle honden is consequentie erg belangrijk om hem goed opgevoed te krijgen. Een Engelse

Drie Engelse bulldogdames op een rij

bulldog is dan een rustige metgezel, waarvan u erg veel plezier kunt hebben.

De Franse bulldog

Jij kleine hond,
met heel groot oog
dat spreekt en tevens luistert;
jij kleine hond,
met heel groot oor
dat hoort, wat men ook fluistert.

Jij brokje spier,
dat nijdig trilt
wanneer je wilt gaan vechten;
jij luide kèf,
die snerpend gilt
komt iemand aan jouw rechten.

Je borst is breed,
je rug is kort,
je laat je niet kleineren;
jij hebt
een hondenhart van goud!
Dat elkeneen moet waarderen

J.J. Fris

De Franse bulldog is een levenslustige, attente hond die zich thuisvoelt in allerlei gezinnen, zolang hij er maar deel van uit kan maken. Voor kinderen is hij een perfecte speelkameraad. Slechts bij hoogste uitzondering valt hij naar een kind uit. Meestal voelt hij feilloos aan dat hij met zijn kracht en enthou-

siasme een jong kind omver zal lopen, waardoor hij het dan ook laat. Een Franse bulldog is geïnteresseerd in alles en loopt over van zelfvertrouwen. U moet hem voor zichzelf beschermen wanneer zijn overmoed en enthousiasme de overhand nemen. Het bulletje wil overal mee naartoe, autorijden vindt hij over het algemeen interessant. Door zijn handige formaat kan hij ook vaak meegenomen worden. Visite wordt vaak op al te enthousiaste wijze begroet, leer hem daarom naar zijn plaats te gaan op commando. Hiermee doet u zowel uzelf als de visite een plezier. Een Franse bulldog is wat luidruchtiger dan zijn grote vriend, de Engelse bulldog. Sommige kunnen vreselijk janken als zij alleen gelaten worden. Toch zijn zij over het algemeen stiller dan menig ander honderas. Met andere honden kunnen ze het vaak prima vinden, maar er zijn ook 'opgewonden standjes' onder de bulletjes, die in iedere passerende hond een rivaal menen te ontdekken. Zij moeten daarom consequent opgevoed worden. Als iets één maal wordt toegestaan, zal het altijd moeten worden toegestaan en andersom. Een Franse bulldog is een komediant in hart en nieren. Intelligent is hij ook en hij zal u op alle mogelijke manieren met zijn gezichtsmimiek op andere gedachten willen brengen als u hem iets beveelt. Laat u niet vermurwen, hoe moeilijk het soms ook is, en zwicht niet voor zijn charmes totdat hij een commando heeft opgevolgd. Hij weet zelf donders goed dat hij u op deze manier kan beïnvloeden. Als hij in de gaten heeft dat alle ogen op hem gericht zijn, speelt hij, wanneer hij in de stemming is, ongetwijfeld de clown.

Buiten de hyperactieve perioden kan een bulletje ook het toonbeeld van luiheid zijn. Urenlang vindt u hem dan in zijn mand of op de bank, terwijl hij niet op of om kijkt. Maar wees gerust, hij hoort en ziet alles om hem heen, en als er echt iets aan de hand is, zal hij er zijn. De meeste bulletjes zullen kort aanslaan als zij onraad bespeuren.

Er ontgaat een Franse bulldog maar weinig

Franse bulldoggen houden van gezelschap

De Franse bulldog voelt uw gemoedsrust feilloos aan. Hij zal u willen troosten als u verdrietig bent, en niet van uw zijde wijken totdat het beter met u gaat. Als u in een vrolijke bui bent, trekt hij alle registers open om dit met u te vieren. De Franse bulldog is waarachtig een grote hond in klein formaat, en een komiek in hart en nieren. De meeste mensen die ooit een Franse bulldog hebben gehad, kunnen maar moeilijk wennen aan een ander ras.

3. Uw puppy

Voordat u tot de aanschaf van een bulldogpup overgaat, moet u er eerst van overtuigd zijn dat een bulldog past in uw gezinssituatie. Een bulldog is net als iedere hond een levend wezen dat aandacht, liefde en verzorging nodig heeft. U kunt een hond niet in de kast zetten als een speeltje dat u op kunt bergen als u het beu bent, en dat u weer te voorschijn haalt als u er behoefte aan hebt. Uw bulldog zal misschien wel tien jaar of langer deel uitmaken van uw gezin en zijn stempel drukken op uw dagelijkse bezigheden. Als u beiden werkt, kunt u geen puppy nemen en zelfs geen oudere hond. Het is erg egoïstisch om uw bulldog de hele dag alleen te laten. Een bulldog heeft gezelschap nodig en verdient het deel uit te maken van het gezin. Hij hoort zijn dagen niet in een buitenkennel of in een aparte ruimte afgezonderd van het gezin te slijten. Een bulldog die zo behandeld wordt, zal in zeer korte tijd wegkwijnen van eenzaamheid en verveling.
Vraag u ook af of u de tijd hebt om zeker in de eerste maanden die zo belangrijk voor een jong hondje zijn, iedere dag zes keer of vaker met hem naar buiten te gaan om hem zindelijk te maken. Kunt u ertegen als uw puppy eens iets op uw tapijt laat 'lopen', of in een dolle bui eens iets omstoot of kapot knaagt? Kunt u de kosten dragen als er onverhoopt iets met uw bulldog mocht gebeuren, zoals een ongeluk of ziekte, waardoor vaak zeer kostbare diergeneeskundige hulp noodzakelijk is? En weet u zeker dat u een goed adres voor uw bulldog kunt vinden als u met vakantie gaat? De bejaarde bulldog zal vaak wat meer aandacht nodig hebben, misschien krijgt hij een speciaal dieet voorgeschreven van de dierenarts. U kunt in sommige gevallen een oude bulldog niet mee op vakantie nemen of

achterlaten in een pension. Dit geldt overigens ook voor oude honden van andere rassen. Ook dan dient u een oplossing te zoeken om de vakantieperiode voor uw bulldog zo vlekkeloos mogelijk te laten verlopen. U bent het aan hem verplicht, hij heeft zijn beste jaren van zijn leven aan u gegeven en u veel vreugde geschonken. Nu zult u hem moeten ontzien.
Mensen kunnen zichzelf vakkundig voor de gek houden als ze iets echt graag willen. Laat uw emoties dan voor wat ze zijn, en bekijk eerlijk of u een bulldog een dienst bewijst door hem bij u in huis te halen.

Is een bulldog geschikt voor u?

Een bulldog is een typische hond met bijzondere eigenschappen. U kunt gecharmeerd zijn van zijn merkwaardige uiterlijk, maar weet ook dat dit uiterlijk zijn beperkingen met zich meebrengt. De lichaamsbouw van met name de Engelse bulldog laat geen urenlange wandelingen toe. Als u een kameraad zoekt die u vergezelt op kilometerslange tochten door de duinen of het bos, kiest u beter een ander ras, dat hier meer op gebouwd is. Een bulldog moet, vooral als hij nog groeit, zelf zijn lichaamsbeweging bepalen. Hij kan zeer vervelende letsels oplopen als hij te enthousiast in een balspel wordt meegesleept. Houd hier rekening mee als u jonge kinderen hebt, die in hun onwetendheid de jonge bulldog te sterk kunnen belasten. Ook traplopen is funest voor een bulldog. Een Franse bulldog kunt u nog optillen als u op een flat woont zonder lift, maar bij een volwassen Engelse bulldog wordt dit een hele krachttoer.
Als er al een hond in het gezin is, bekijk dan of deze hond qua karakter en temperament bij een bulldog past. Andere dogachtigen zoals boxers, Duitse doggen en St.-Bernards kunnen het vaak prima vinden met een Engelse of Franse bulldog. Al te

Vaak is een tuig geschikter dan een halsband

De auteur met haar Franse bulldog Coco

kleine of oudere, minder weerbare honden, kunnen vaak veel hinder ondervinden van een robuuste metgezel als de bulldog. Ongewild kan uw bulldog een tere hond van een dwergras, zoals een Yorkshire terriër of dwergteckel, in het spel verwondingen toebrengen. Dit heeft niets te maken met het karakter van uw bulldog, in de meeste gevallen bedoelen ze het niet slecht. De combinatie van een tere, misschien wat terughoudende hond met een stoere, robuuste bulldog is eenvoudigweg geen goede. Er zijn gevallen bekend waarbij deze combinaties jarenlang in volle harmonie samenleefden, maar uw dierenarts kan u het een en ander vertellen over mensen bij wie het fout ging.

Reu of teef?

Elke sexe heeft zijn voor- en nadelen. Van een teef bijvoorbeeld is bekend dat zij tweemaal per jaar loops wordt. Tijdens de loopsheid is zij ontvankelijk voor reuen en mag u haar dus nooit onaangelijnd uitlaten. In die periode kunt u uw teef ook niet onbeheerd in de tuin laten lopen, aangezien reuen die een loopse teef ruiken, zich door vrijwel geen enkele omheining tegen laten houden. De loopsheid duurt ongeveer drie weken, waarvan de teef de eerste twee weken vloeit.
Minder bekend is de bij reuen veel voorkomende en moeilijk te genezen voorhuidontsteking. Bij voorhuidontsteking ziet u een etterige, geelgroene afscheiding uit de voorhuid druppelen. Deze afscheiding kan even vervelende vlekken op uw kleding of op het tapijt veroorzaken als de uitvloeiing van een teef in haar periode. Voorhuidontsteking is overigens niet gevaarlijk voor de hond zelf, maar komt wel opmerkelijk veel voor.
Bij een teef is de kans dat zij een meegaand en zacht karakter heeft groter dan bij een reu, wat niet inhoudt dat alle teven

Zou u ze niet allemaal mee willen nemen?

zacht van karakter zijn. Een reu is wel vaker wat eigenzinniger en zelfbewuster dan een teef. Als u al een reu in huis hebt, kunt u het beste kiezen voor een bulldogteef en andersom. De twee sexen zullen elkaar vaak met respect bejegenen, terwijl exemplaren van dezelfde sexe jarenlange veten in stand kunnen houden in de strijd om het leiderschap. Uiteraard blijven honden levende wezens, en er zijn gevallen genoeg bekend van reuen die vrienden voor het leven zijn, en teven die samen hun pups grootbrengen.

Wanneer u twee honden van dezelfde sexe wilt, bestudeert u het karakter van de al aanwezige hond. Als deze een dominant karakter heeft, plaatst u hier het beste een bulldog bij van het wat onderdanige type en andersom.

Teven zijn vaak wat rustiger en aanhankelijker dan reuen

De puppy's moeten een verzorgde indruk maken

De aankoop van uw puppy

U doet er het beste aan in eerste instantie te gaan informeren bij de rasvereniging. Daar kan men u de adressen geven van fokkers die op het moment dat u belt een nest hebben of verwachten. Fokkers die aangesloten zijn bij de rasvereniging, zijn vaak verplicht te garanderen dat er zich geen erfelijke gebreken of kwalen binnen een of enkele jaren bij de bulldog manifesteren. Hierdoor speelt u redelijk op zeker.
De bulldog is een populair ras en deze populariteit brengt altijd beunhazen met zich mee die een graantje willen meepikken. Het interesseert beunhazen of broodfokkers meestal niet of zij met gezonde ouderdieren fokken, en ook de gezondheid van de pups houdt hen niet echt bezig. Koop daarom nooit in een opwelling een puppy op een markt of in een dierenwinkel. Ga ook nooit naar kennels waar allerlei rassen te koop worden

aangeboden die misschien op dit moment allemaal 'in de mode' zijn. Nesten die te koop worden aangeboden in landelijke of plaatselijke kranten hoeven niet per definitie van broodfokkers afkomstig te zijn. Er zijn ook fokkers die lid zijn van een van de rasverenigingen en adverteren in de landelijke of plaatselijke dagbladen. Ook fokkers die geen lid zijn van een rasvereniging kunnen goede, gezonde honden bezitten en pups op een juiste manier grootbrengen. Geef uw oren en ogen goed de kost als u op een dergelijke advertentie reageert. U bemerkt dan vanzelf wel of de fokker uit liefde voor het ras handelt of uit winstbejag. Houd er rekening mee dat u uw gezinssituatie in sommige gevallen moet toelichten. Het is voor de fokkers belangrijk om te weten waar de door hen met zorg gefokte honden terechtkomen.
Het is meegenomen als u goed kunt opschieten met de fokker. U zult hem misschien meer dan eens willen bellen als u het hondje eenmaal in huis hebt. Ook later, als u eventueel wilt gaan deelnemen aan hondententoonstellingen, zult u van een welwillende fokker veel steun ondervinden.
Als u een bezoek aflegt bij een fokker kunt u uw kinderen beter thuislaten. Kinderen maken het voor u extra moeilijk met stille trom te vertrekken wanneer u bij nader inzien toch liever verder wilt zoeken. Realiseer u dat fokkers het vaak erg druk hebben met de verzorging van een of meer nesten en ook andere besognes hebben. Ga daarom met niet meer dan twee personen naar de fokker toe en blijf niet te lang plakken.
Het kan zijn dat u een moederhond aantreft die qua conditie wat te wensen overlaat. Dit is vrij normaal. Een keizersnede of een bevalling, waarna een lange periode volgt van het verzorgen en voeden van een nest pups, gaat geen enkele hond in de koude kleren zitten. Laaghangende melkklieren zijn normaal. De vacht kan minder glanzend zijn, en ze kan een vermoeide indruk maken. Vraag, als u twijfelt aan de kwaliteit van de

moeder, of er keuringsrapporten of beoordelingen van haar zijn. Dan kunt u zich een beter beeld vormen van de moederhond zoals zij eruit zou zien onder normale omstandigheden.

De prijs

Wees altijd op uw hoede wanneer u een hondje wordt aangeboden onder de geldende prijs. Bulldoggen zijn dure honden en de prijs die voor de hondjes gevraagd wordt, is niet uit de lucht komen vallen. Dekkingen van bulldoggen zijn vele malen duurder dan die van de meeste andere honderassen. Daarbij komt dat er met name bij de Engelse bulldog meerdere dekreuen zijn die de dekking niet zelf kunnen volbrengen. De fokker kan dan besluiten een zogenaamde 'dekhulp' in te schakelen, maar dat kan niet gratis. In sommige gevallen moet de teef kunstmatig geïnsemineerd worden en dit gebeurt bij de dierenarts, ook al niet voor niets. In de regel kunnen weinig teven natuurlijk bevallen, waardoor de keizersnede noodzakelijk is. Dit is geen gemakkelijke en goedkope ingreep. De opfok van de pups ten slotte kan erg duur zijn. Het komt voor dat de moeder geen melk heeft, zodat er een goede vervangende moedermelk verstrekt moet worden.
Wees dus wantrouwig als men u goedkoop een puppy aanbiedt. Het nest kan iets onder de leden hebben, een verkeerde opfok hebben genoten. Ook is het mogelijk dat een van de ouders een vervelende erfelijke ziekte met zich mee draagt. Uiteraard is het ook mogelijk dat zulke pups als pup al onvoldoende rastypisch zijn. Bij Engelse bulldoggen komen wel eens onderkaken voor die veel te lang en te smal zijn. Hierdoor kunnen zij problemen hebben of krijgen met eten. De tong en tanden zijn door deze misvorming zichtbaar. Een andere reden om een pup goedkoper aan te bieden kan zijn dat de pup niet voldoet aan de eisen die de standaard stelt voor kleur. Een Engelse bulldog mag niet zwart of black and tan (als bij een rott-

weiler) zijn. Een Franse bulldog mag geen andere kleuren hebben dan gestroomd of wit met gestroomde vlekken (binnenkort zal hoogstwaarschijnlijk ook de 'Fawn' kleur officieel erkend zijn). Zorg ervoor dat u zich geen knollen voor citroenen laat verkopen. Bestudeer hiervoor de standaard, die qua duidelijkheid op dit vlak weinig te raden over laat. Als u twijfelt, neemt u contact op met de rasvereniging.

De keuze

Uw voorkeur zou uit kunnen gaan naar een reu of een teef. Ook wat betreft de kleur kunt u een duidelijke voorkeur hebben. Voordat u naar een nest gaat kijken, vraagt u daarom eerst aan de fokker of hij een pup heeft die aan uw wensen voldoet, want daarmee bespaart u zichzelf een teleurstelling als zo'n hondje al vergeven is. Het kan zijn dat de fokker sommige hondjes uit het nest zelf wil houden of dat sommige al aan andere kopers beloofd zijn. Misschien ook bestaat het nest louter uit teven en bent u op zoek naar een reu.
Wees altijd eerlijk tegen de fokker. Er zijn mensen die verzwijgen dat zij later met de bulldog naar tentoonstellingen willen gaan, omdat zij denken dat de puppy dan duurder wordt. Wanneer zij uit financiële overwegingen vragen om een 'huishond', zorgt de fokker daarvoor. Dit kan tot gevolg hebben dat deze huishond later weinig of niets presteert op tentoonstellingen, wat dan niet te wijten is aan de fokker. De koper had zelf gevraagd om een huishond en er expliciet bij verteld geen interesse te hebben in tentoonstellingen. Als u de fokker eerlijk vertelt dat u naar tentoonstellingen wilt, zal iedere goede fokker u het geschiktste exemplaar aanbevelen. Hij is er niet bij gebaat dat zijn fokprodukt laag scoort op een hondenshow. Dat doet de naam van zijn kennel geen goed.

Soms maakt een nest bij de fokker een lome, slaperige indruk. Dit hoeft niet te betekenen dat het nest ziek is. Pups slapen veel, de fokker kan ze niet op commando laten spelen. Uit de puppy's die aan uw eisen voldoen, kiest u de pup die u het meest aanspreekt. Dit kan de pup zijn die al meteen open en vrolijk op u afkomt, of het hondje dat zich wat eigenwijs en argwanend afzijdig houdt. Vermijd in ieder geval 'zielige' hondjes die duidelijk minder ontwikkeld zijn dan de rest van het nest en misschien wat in een hoekje weggekropen zitten. Hondjes die al uit zichzelf naar u toe komen, zijn vaak de meest dominante uit het nest en kunnen later wat meer van u eisen op het gebied van opvoeding. Een verlegen hondje groeit later zelden uit tot een trotse, zelfbewuste volwassen bulldog.
De tijd die u bij het nest doorbrengt, is een momentopname. De puppy die op dat moment de boventoon voert, kan in het algemeen de rustigste van het nest zijn. Vraag aan de fokker of hij enig inzicht in het karakter heeft. Hij is dagelijks met het nest bezig en kan u het beste voorlichten.

Wat is een stamboom?

Op de stamboom van iedere hond staan de ouders, de grootouders en de overgrootouders vermeld. Op een stamboom worden tevens de behaalde tentoonstellingsresultaten vermeld van de voorouders. Op de stamboom van uw toekomstige puppy worden geen titels vermeld als hij of zij in een later stadium deze titels bemachtigt. De behaalde resultaten worden wel vermeld op de stambomen van de mogelijke nakomelingen van uw hond.
Het tatoeagenummer, dat in de oren of in sommige gevallen in de liezen van de hond is aangebracht, kunt u eveneens terugvinden op de stamboom.
Wanneer u een puppy van ongeveer 9 weken gaat ophalen, zal de stamboom er nog niet zijn. De pups zullen in de regel wel

getatoeëerd zijn, want dat gebeurt vanaf een leeftijd van ongeveer 7 weken. Pups die niet getatoeëerd zijn, kunnen geen aanspraak maken op een stamboom. Het tatoeagenummer van het hondje moet hetzelfde zijn als het nummer op de stamboomaanvraag, die de fokker van de tatoeëerder heeft gehad. Deze aanvraag zal de fokker, nadat hij voor het hele nest een goed tehuis gevonden heeft, opsturen naar de Raad van Beheer. De stambomen van het nest worden na een aantal maanden opgestuurd naar het adres van de fokker. Veel fokkers maken dan van de gelegenheid gebruik deze stambomen persoonlijk naar de mensen toe te brengen, zodat zij kunnen zien hoe het met het hondje gaat en hoe het uitgegroeid is in de tussenliggende maanden.

Naar huis met uw pup

Voordat u uw puppy van 8 tot 12 weken op gaat halen bij de fokker, moet u al het een en ander in huis hebben. Vraag de fokker ruim van tevoren om een voedingslijst, zodat u niet op het allerlaatste nippertje op zoek moet naar een bepaald merk voer dat in uw directe omgeving niet te koop is. Zorg dat er al een mand of een kamerkennel klaarstaat, dat de voerbak en waterbak zijn aangeschaft, en eventueel een bandje en een lijntje.

De puppy kunt u het beste met de auto gaan halen, maar haal het hondje niet op met het hele gezin, als dit wat groot mocht zijn. Het heeft het al moeilijk genoeg zonder alle aandacht die het krijgt. Ga liever met twee personen, want dan kan de een zijn aandacht op de weg houden, terwijl de ander zich over het hondje ontfermt. Houd er rekening mee dat het hondje wagenziek kan worden, omdat het waarschijnlijk zijn eerste autotocht is.

Vraag de fokker een lapje of stukje deken uit het nest. De bekende lucht die eraan hangt, kan kalmerend werken voor de pup. Dit lapje kunt u thuis in zijn mandje leggen, zodat hij ook bij u thuis de bekende geur van zijn nest niet meteen hoeft te missen. Bij de fokker krijgt u een inentingsboekje en een voedingslijst mee. Houd u aan de voedingsvoorschriften van de fokker, de puppy krijgt al genoeg veranderingen te verwerken. Overschakelen op een ander voer kan bijna alleen maar leiden tot diarree. Wanneer de puppy helemaal bij u gewend is, kunt u alsnog op ander voer overschakelen.

Voor het eerst thuis

Thuis laat u de puppy eerst naar buiten, zodat hij zich kan ontlasten. Doe dit meteen op de plek waar u dit in het vervolg wilt blijven doen, u kunt er handig gebruik van maken dat de hond een gewoontedier is. De volgende dag en de dagen erna blijft deze geur voor uw hondje te onderscheiden van andere geuren, waardoor de kans groot is dat hij daardoor wordt aangezet zich juist op die plaats weer te ontlasten.
Houd er rekening mee dat uw bulldogje slechts een voorlopige inenting heeft gehad, en laat hem daarom niet te veel snuffelen en op plaatsen rondlopen waar heel veel andere honden komen. Totdat hij zijn volledige enting heeft gehad, is hij nog steeds bevattelijk voor ziekten. In sommige gevallen is het daarom beter het hondje in huis en in de tuin te houden totdat de dierenarts groen licht geeft.
Natuurlijk wilt u graag met uw puppy showen en mensen uitnodigen om te komen kijken, maar de eerste dagen is het beter uw bulldogje rust te gunnen. Vergeet niet dat u een compleet vreemde bent voor uw puppy. Alle geuren en geluiden zijn vreemd voor hem. Hij mist zijn moeder, nestgenoten en zijn vaste verzorger. Wat hij nodig heeft, zijn rust, harmonie en een warme slaapplaats waar hij niet gestoord wordt.

Leer uw kinderen dat de puppy nooit opgetild mag worden en dat hij ook niet mag worden nagejaagd door het huis. Voor iedereen geldt dat de slaapplaats van een puppy en een volwassen hond ontzien moet worden. Een hondje dat veelvuldig uit zijn slaap wordt wakker geschud en waar te veel mee rondgesjouwd wordt, kan uitgroeien tot een angstige, neurotische hond waar geen land meer mee te bezeilen valt.
Geef uw puppy wat te drinken en laat hem daarna zijn gang gaan. Vanuit uw ooghoeken kunt u hem een beetje in de gaten houden, loop hem niet overal na.

De eerste nacht

De eerste en vaak ook de tweede nacht wordt uw standvastigheid op de proef gesteld. Ver van alle voor de pup zo vanzelfsprekende zaken als geuren, nestgenoten en de werpkist kan de pup in de eerste nacht gaan janken. Het janken bij honden is niet te vergelijken met ons huilen. Janken doet een hond niet omdat hij verdriet heeft, maar om contact te maken. Hij voelt zich eenzaam. Met janken probeert hij zijn alleen-zijn op te heffen. Geeft u gehoor aan zijn oproep, hetzij om hem vermanend toe te spreken, hetzij om hem te troosten of hem mee naar de slaapkamer te nemen, dan is zijn doel bereikt: als ik jank, komt er iemand en ben ik niet meer alleen. Voor uzelf, voor de buren en ten slotte voor de hond zelf is het beter hier absoluut geen aandacht aan te schenken, al ligt u de hele nacht wakker en knaagt het vreselijk aan uw geweten. Wanneer u, al is het maar een enkele keer, gehoor geeft aan zijn verzamelsignaal, bederft u zijn opvoeding. Hij leert hier namelijk mee dat er altijd iemand komt als hij jankt. Dit blijft hem bij en de rest van zijn leven zal hij blijven janken als hij niet alleen wenst te zijn, ook als u eens een half dagje weg moet zonder hem om bijvoorbeeld even boodschappen te doen. Aangezien bulldoggen niet zulke druktemakers zijn, zal het met het janken wel

meevallen, zodat u misschien de eerste nacht al gerust kunt slapen.
Zorg ervoor dat hij een veilige, zachte slaapplaats heeft in een ruimte waar hij niet veel kwaad kan doen, zoals aan meubels knagen. Leg eventueel een warme kruik in zijn mandje en een ouderwetse wekker die u in een washandje hebt gestopt. Het tikken van de wekker doet hem denken aan de hartslag van zijn nestgenoten, en zo voelt hij zich niet zo alleen. Leg een krant in de buurt waar hij eventueel zijn behoefte op kan doen als hij dat bij de fokker al een beetje heeft geleerd. Ga pas de volgende morgen kijken en neem hem meteen mee naar buiten. Straf hem in deze periode nog niet als hij onverhoopt iets verkeerds mocht doen. In de eerste plaats moet de puppy nog wennen aan u, de huisgenoten en de omgeving. In een later stadium krijgt u nog tijd genoeg om hem op te voeden. De eerste week moet er harmonie heersen in huis, zodat de pup sneller kan wennen.

4. De opvoeding

Zindelijk maken

Veel mensen zien vreselijk tegen de periode van het zindelijk maken op. Toch is dit niet nodig, mits het op de juiste wijze gebeurt. Bij aankomst thuis hebt u het hondje al op een bepaalde plaats zijn behoefte laten doen. Houd het de eerste weken bij deze plaats, zodat hij eerder begrijpt wat er van hem verwacht wordt. Een puppy ontlast zich meestal direct nadat hij wakker wordt, en soms nadat hij gegeten heeft. Ga er vanuit dat u de eerste weken zeker zes keer per dag met hem naar buiten moet gaan en probeer te voorkomen dat hij iets binnen doet. Honden hebben de gewoonte hun behoefte te doen op plaatsen waar zij dat eerder hebben gedaan. Zij herkennen dit plekje aan de geur. Zorg er dus voor dat die plaats, wanneer er onverhoopt een ongelukje mocht plaatsvinden, onherkenbaar van geur wordt door hem schoon te maken met water en azijn. Wanneer u uw bulldog verdacht rond ziet snuffelen en rond ziet draaien, pak hem dan op en zet hem buiten. Als hij daar zijn behoefte doet, prijst u hem uitbundig. Hij moet echt merken dat hij iets geweldigs heeft gedaan. Wanneer hij in huis al bezig is met een ongelukje, kunt u hem gewoon mee naar buiten nemen, u hoeft hem niet vermanend toe te spreken. Veel jonge honden identificeren uw 'foei' als zij een plasje in huis doen met het feit dat u ziet dat ze daar een plasje doen. Vervolgens gaan zij plekjes zoeken waar zij zich 'uit het zicht' kunnen ontlasten. Houd hier dus rekening mee! Als het kwaad eenmaal geschied is, heeft het geen zin meer het hondje te bestraffen. Vaak begrijpt het niet eens waar u zo boos over bent, want het was allang ergens anders mee bezig. Dit maakt hem

verward en onzeker. Let de eerste weken dus erg goed op, zodat hij zo min mogelijk foutjes kan maken, en prijs hem uitbundig als hij het goed doet. Als hij bij de fokker gewend was zijn behoefte op een krant te doen, verdient het aanbeveling een krant neer te leggen wanneer u even weg moet. De kans is groot dat hij dan daar zijn behoefte op doet.
In deze moderne tijd, waarin gemeenten steeds strengere normen met betrekking tot hondepoep hanteren, is het handig uw hondje zich op commando te laten ontlasten. Dit is gemakkelijker aan te leren dan u misschien denkt. Wanneer hij zijn behoefte buiten doet, kunt u hiervoor een woordje verzinnen, bijvoorbeeld; 'Plasje, braaf!'. Wanneer u dit lang genoeg volhoudt, kan hij aandrang krijgen bij het woord 'plasje'. Hierdoor kunt u ervoor zorgen dat de hond zich pas ontlast bij het eventuele hondentoilet.

Als u liever niet wilt dat uw honden op de bank zitten of slapen, mag u het ook nooit toelaten

Wat mag wel en wat mag niet?

Consequentie is naast veel liefde en begrip het belangrijkste bestanddeel van de opvoeding. Als uw bulldog één keer bij u op de bank mag, zult u dat voortaan altijd moeten toestaan. Hij kan niet ruiken dat u nu juist uw nette kleren aan hebt of dat er belangrijke visite in aantocht is. Evenmin kan hij weten dat het vandaag zijn verjaardag is, en hij daarom als uitzondering wel op de bank mag. Het is voor een jong hondje en voor een volwassen hond erg verwarrend als hij de ene keer iets wel mag en de andere keer niet. Consequentie is gemakkelijker door te voeren als de bulldog maar met één persoon samenleeft, maar het geeft al meer problemen in gezinsverband. De vrouw des huizes vindt het prima dat Bully op de bank slaapt en staat dit overdag dan ook toe. De man, die 's avonds thuis komt, kan hier een hekel aan hebben en Bully van de bank halen. Onderschat ook de invloed van de kinderen niet in de opvoeding van uw bulldog. Het is dus belangrijk dat alle gezinsleden één lijn trekken en het samen eens zijn, wil de opvoeding van een hondje slagen.
Uiteraard mag u nooit goedkeuren dat het hondje iets kapot maakt, maar soms is het moeilijk af te leren. Honden die in de pubertijd raken, zo rond de leeftijd van een jaar, kunnen ook ineens spullen kapot gaan maken. Er is eigenlijk maar één goede oplossing voor, namelijk ervoor te zorgen dat uw bulldog niet in de gelegenheid komt iets kapot te maken. Als u weggaat kunt u hem in een ruimte zetten, bijvoorbeeld de keuken of bijkeuken, waar hij geen kwaad kan doen. Wanneer u niet zo'n ruimte hebt, zou u kunnen overwegen een kamerkenneltje te kopen. Ze zijn niet goedkoop, maar ze kunnen u een hoop ellende besparen. Als u uw puppy direct went aan de kamerkennel, is de kans groot dat hij ook later graag de beschutting en veiligheid van zijn kamerkennel opzoekt als hij

slaap heeft of als het te druk is in huis. Geef uw bulldog de indruk dat het zijn plaats is, leg er een warm kleedje in en misschien een speeltje. Gebruik de kamerkennel nooit als strafmaatregel, dan krijgt hij er een hekel aan en kan vreselijk gaan protesteren als hij erin moet. Het gebruik van een kamerkennel is altijd te prefereren boven het gebruik van een mandje. Een puppy of volwassen hond die iets kapot heeft gemaakt als u thuiskomt, moet u vermanend toespreken en straffen. Wanneer hij dit dagelijks doet, moet u hem ook dagelijks straffen. De hond associeert dit niet met het kapotmaken zelf, maar gaat op een gegeven moment de associatie leggen met het feit dat u thuiskomt, dus: als het baasje thuiskomt, krijg ik op mijn kop! Hierdoor worden onzekere honden gekweekt met verknipte karakters. Wanneer uw hond behoort tot de onverbeterlijke 'slopers', kunt u hem dus beter wennen aan een kenneltje. Hij kan in zijn kennel niets verkeerds doen en is dus altijd 'braaf' als het baasje thuiskomt. Zo'n hond is gelukkiger dan zijn soortgenoot die de kans krijgt om spullen kapot te maken.

Socialiseren

Misschien wel het belangrijkste onderdeel van de opvoeding is het sociaal maken van uw puppy. Tot een leeftijd van ongeveer 14 weken is het jonge diertje erg ontvankelijk voor allerlei indrukken en gebeurtenissen. Als hij in deze periode iets traumatisch meemaakt, kan dit vergaande gevolgen hebben voor zijn verdere leven. Verkeerde indrukken die hij in deze fase opdoet, zijn nooit meer terug te draaien. Wanneer hij als jong hondje bijvoorbeeld door een andere hond aangevallen wordt, zal hij bijna zeker later extreem bang of juist weer extreem agressief kunnen reageren op iedere hond of op honden die lij-

Een teefje van 2,5 jaar

Engelse-bulldogpuppy's lijken op speelgoedbeesten, maar zijn het niet

Dit Franse bulldogje is doodop na een lange rit in de auto

ken op zijn aanvaller. Zorg er dus voor dat hij alleen maar speelt met honden waarvan u weet dat zij ook sociaal zijn opgevoed. U moet dit niet overdrijven door uw hondje steeds op te tillen als er een andere hond aan komt lopen, want ook dit kan een verstoord sociaal gedrag veroorzaken.
In de socialisatiefase worden niet alleen negatieve ervaringen voor het leven vastgelegd. Ook leert de puppy in deze fase wat als 'normaal en ongevaarlijk' en wat als 'niet normaal en dus bedreigend' kan worden beschouwd. Als hij in zijn jonge leventje nooit contact heeft gehad met bijvoorbeeld katten, kan hij daar op latere leeftijd agressief of juist angstig op reageren. Dit geldt evenzeer voor kinderen, auto's, openbaar vervoer, druk stadsverkeer enzovoort. Wilt u later een probleemloze hond die u overal mee naartoe kunt nemen, leer hem dan voor zijn 15e levensweek dat al deze zaken hem geen angst hoeven in te boezemen. Zorg er tevens voor dat al deze kennismakingen goed worden begeleid zodat ze niet kunnen ontaarden in een negatieve ervaring.

5. Training

Veel mensen vinden het niet nodig een hond hun wil op te leggen. Toch moet dat, wilt u prettig en in een harmonische verstandhouding met uw bulldog kunnen samenleven. Een goed luisterende bulldog is niet alleen voor uzelf een genot, maar ook voor de mensen die om u heen wonen. In deze tijden van toenemende hondehaat bent u het in principe aan andere hondebezitters verplicht het goede voorbeeld te geven. Uw bulldog heeft ook leiding nodig. Hij heeft er recht op te weten wat hij wel en niet mag. De mogelijkheid om met u te communiceren door middel van training mag hem dan ook niet onthouden worden. Veel honden vinden het prachtig als zij een commando goed kunnen uitvoeren, niet in het minst om de loftuigingen die zij daarna ontvangen.
Sommige mensen menen dat zij hun bulldog niet hoeven te trainen omdat het geen Duitse herder of bouvier is. Zij denken dat de bulldog hier geen behoefte aan heeft of er te dom voor is. Inderdaad straalt de intelligentie sommige bulldoggen niet van het gezicht, maar laat u niet misleiden; zij zijn het wel! Er zijn voorbeelden genoeg bekend van bulldoggen die kunstjes hebben geleerd of een diploma bezitten op het gebied van gehoorzaamheid. Dit is vooral te danken aan het enthousiasme van de baas en zijn vertrouwen in de mogelijkheden van zijn bulldog.

Basisbegrippen

Een aantal basisbegrippen die iedere hond vlot moet kunnen begrijpen en opvolgen, zijn: plaats, zit, af, volg, blijf en hier.

Een goed getrainde bulldog is een lust voor iedereen

Besef dat u uw eigen training te gronde richt als u genoegen neemt met een half of helemaal niet opgevolgd commando. Het zit in het karakter van een bulldog om te testen of u het allemaal wel werkelijk meent. Wanneer u iets van hem verlangt, kan het goed zijn dat hij zijn complete trucendoos opentrekt om u ervan te overtuigen dat hij liever speelt of aangehaald wil worden. Laat u op zo'n moment niet vermurwen, want er wordt met u gesold. U bent de baas in de roedel, niet uw bulldog. Wanneer u dus een commando hebt gegeven, kan de oefening niet eerder afgesloten zijn dan wanneer uw bulldog het commando opgevolgd heeft. Als u bijvoorbeeld het commando 'Af' geeft, en uw hondje gaat na lang klieren en vervelen zitten, mag u hier geen genoegen mee nemen, ook al bent u het oefenen zelf ook al beu. Hij dient eerst 'af' te zijn geweest, al is het maar voor twee seconden. Veel mensen zetten hun hondje in de mand wanneer zij het huis verlaten en zeggen daarbij: 'Blijven hoor!' U kunt nooit controleren of hij ook daadwerkelijk in zijn mand blijft als u weg bent. Geef daarom maar liever geen commando als u er geen controle op kunt uitoefenen.
Train ook niet te lang achter elkaar. Trainers hebben een uitdrukking voor het 'overtrainen' van een hond, namelijk dat er 'te veel druk op wordt gezet'. Een hond waar te veel druk op is gezet, zal nooit commando's uitvoeren omdat hij het leuk vindt of om u een plezier te doen, maar omdat hij bang is dat hij anders straf krijgt.
U bederft het open en vrije karakter van een bulldog als u te lang en te intensief achter elkaar traint, niet geduldig met hem bent of te veel van hem verwacht. Neem per dag ongeveer driemaal tien minuten de tijd om uw hondje de basisbegrippen te leren. Als hij erg dol op voer is, helpt het zeker als u hem paait met een hondekoekje of een stukje kaas. Hebt u een bulldogje dat zichtbaar begint te 'glimmen' als u hem beloont, gebruik dan liever uw stem.

Wen een jonge pup zo snel mogelijk aan de lijn

Train altijd op een rustig veldje of in uw eigen achtertuin, waar u niet gestoord wordt. Dit veldje hoort zo gesitueerd te zijn dat uw hond, wanneer hij van u wegloopt, niet zichzelf en eventueel verkeer in gevaar kan brengen. In eerste instantie oefent u altijd aangelijnd. Als uw bulldog de commando's onder de knie heeft, kunt u het los proberen.

Komen op bevel

U begint de training met het commando 'Hier'. 'Hier', oftewel 'komen op bevel', is een belangrijk commando. Uw bulldog dient altijd zonder dralen in een rechte lijn en vlot op u af te komen lopen als u hem roept. Maak niet de fout die velen wel maken: de hond straffen als hij pas na vele malen roepen op een sukkeldrafje op komt dagen. Hij heeft uiteindelijk het commando 'Hier' opgevolgd, en daar straft u hem dan voor. Hij legt de link niet met het dralen onderweg, maar met het bij u

komen. Hij laat het de volgende keer wel uit zijn hoofd naar u toe te komen, want dan krijgt hij straf. Een hond die, al deed hij er nog zolang over, bij u komt, is altijd 'braaf'!
Om 'Hier' te oefenen, gebruikt u een lange lijn die niet te zwaar is. Laat uw bulldog wat rondsnuffelen en zorg ervoor dat zijn aandacht niet direct op u is gericht. Ga dan op uw hurken zitten, zeg zijn naam en daarna 'hier'. Wanneer hij niet meteen komt, kunt u hem lokken door wat klopjes op de grond te geven met uw hand of te fluiten. Als hij uiteindelijk bij u komt, prijst u hem uitbundig. De intonatie van uw stem legt veel gewicht in de schaal. Laat hem blijken dat hij u echt erg gelukkig maakt door naar u toe te komen.
Toch kan uw bulldog wat dwars reageren. Wanneer hij echt niet wil luisteren, geeft u een kort rukje aan de lijn, zodat hij als vanzelf wat naar u toe wordt getrokken. Meestal echter geeft deze oefening, mits op een juiste wijze uitgevoerd, wei-

Verlang vandaag niet te veel van ons

nig problemen. Wanneer uw bulldog het komen op bevel aangelijnd onder de knie heeft, kunt u het voorzichtig onaangelijnd proberen.

Zitten op bevel

Wanneer u uw hond leert te zitten op bevel, zult u merken dat u dit commando dagelijks op hem afvuurt. Misschien leert u uw bulldog te zitten bij iedere stoeprand, of wanneer u de sleutels van de voordeur zoekt als u met hem hebt gewandeld

Deze Engelse-bulldogpuppy is een onbeschreven blad. Hoe hij uitgroeit, hangt grotendeels van u af

of zelfs iedere keer dat u stilstaat. In ieder geval is het raadzaam het commando 'Zit' aan te leren.
Ga gehurkt of op uw knieën bij uw hondje zitten. Zeg eerst zijn naam om zijn aandacht te krijgen, en daarna duidelijk het commando 'Zit'. Tegelijkertijd met het commando oefent u met uw ene hand wat druk uit op zijn achterwerk, terwijl u met de andere hand de voorhand tegenhoudt. Hierdoor manoeuvreert u uw bulldog als vanzelf in een zittende houding. Al zit hij maar een enkele seconde zonder tegen te stribbelen, dan al is hij erg braaf en dat moet u ook laten blijken. Ook hier geldt dat de intonatie in uw stem heel belangrijk is. Het commando 'zit' dient niet vragend, maar dwingend –niet bestraffend– uitgesproken te worden. Verwacht niet van de jonge puppy dat hij direct op commando lange tijd blijft zitten. Daar is hij op deze leeftijd nog veel te wispelturig voor, en te snel afgeleid. Iedere seconde is dus, zeker in het begin, meegenomen. Misschien kunt u ter ondersteuning zo nu en dan een hondekoekje of een stukje kaas aan hem geven wanneer hij het goed doet. Oefen het zitten op commando steeds langer, maar overdrijf het niet. Omdat de hond het commando eigenlijk nooit zelf op mag heffen als hij het eenmaal onder de knie heeft, geeft u hem aan wanneer hij weer uit de zittende positie mag komen. Dit kunt u doen door hem bijvoorbeeld te roepen.

Liggen op bevel

Bij liggen op bevel gebruiken we het commando 'Af'. Veel mensen gebruiken 'Lig' of 'Liggen', maar dat lijkt te veel op 'Zit' of 'Zitten'. Het woord 'Af' wordt ook vaak gebruikt als de hond iets verkeerds doet, maar beter kunnen hiervoor de woorden 'Foei', of 'Mag niet' worden gebruikt. 'Foei' kan gebruikt worden wanneer de hond iets verkeerds doet wat hij in principe hoort te weten, 'Mag niet' wordt gebruikt als hij iets verkeerds doet wat hij nog niet kan weten.

Bij liggen op commando gaan we weer gehurkt bij de puppy zitten en oefenen met de ene hand druk uit op het achterwerk, terwijl we met de andere hand de voorpoten iets onder het lichaam uit naar voren trekken. Hierdoor wordt de puppy in een liggende positie gedwongen. Waarschijnlijk stribbelt uw hond bij deze oefening tegen, u moet dus het midden vinden tussen doorzetten en toegeven. Het mag geen worstelpartij worden, maar u mag ook niet te gemakkelijk de strijd opgeven. Voor het belonen geldt hier hetzelfde als bij zitten op bevel: al ligt uw puppy maar een enkele seconde, hij is toch braaf. Probeer het langzaam op te bouwen, verwacht niet te veel ineens, maar laat ook geen loopje met u nemen.

Blijven

Het commando 'Blijf' kan in een later stadium gekoppeld worden aan 'Zit' en 'Af'. Dit commando zult u vaker gebruiken,

'Blijf' is geen gemakkelijke oefening

bijvoorbeeld als uw bulldog iets te nieuwsgierig met u mee naar buiten wil lopen, of uit zijn mand wil stappen op een moment dat dit niet uitkomt. Al te lang blijven op bevel kunt u een jonge puppy nog niet zo goed aanleren omdat hij nog zo ontzettend veel te ontdekken heeft en daardoor snel is afgeleid. Als uw hondje zit of ligt, kunt u om het commando wat meer gewicht te geven, uw hand opsteken, alsof u op deze manier de hond op zijn plaats kunt houden, tegelijk met het commando 'blijf'. Mocht uw hondje, misschien wat perplex, blijven zitten of liggen, tart het lot dan niet. De kans is groot dat hij na enkele seconden weer vrolijk op u af komt. Prijs hem direct uitbundig voor het gedane karwei. Deze oefening kunt u ook wat uitbreiden door steeds wat verder van hem weg te lopen. Vergeet niet dat hij, wanneer u het commando niet hebt opgeheven, niet van zijn plaats af mag. Kruipt hij toch wat naar voren of gaat hij aan de wandel, leg hem dan altijd terug op de plaats waar u hem eerder had bevolen te blijven, en geen centimeter daarvoor of daarnaast.

Volgen op bevel

Het commando 'Volg' kunt u bijvoorbeeld gebruiken als u door een drukke straat loopt of wanneer u hem om een andere reden tijdens het wandelen dicht bij u wilt houden. Volgen op bevel is een moeilijk commando. Uw hond dient altijd links van u te lopen, vrij dicht tegen u aan. Hij mag niet achterblijven of vooruit lopen, maar moet in principe zo nu en dan zelfs naar u opkijken om u in de gaten te houden. Bulldoggen die gepaaid kunnen worden met stukjes kaas of worst leren dit commando het gemakkelijkst. Stop wat lekkers in een heuptasje dat u omgespt. Laat uw bulldog duidelijk merken wat daar in zit. Zet hem vervolgens links van u, zeg zijn naam om zijn attentie te krijgen, gevolgt door het commando 'volg'. Begin vervolgens te lopen en vergeet niet als eerste met uw

rechterbeen weg te stappen. Als u met uw linkerbeen begint, ligt uw puppy al meteen een stap op u achter.
Als het hondje achterblijft, lokt u het met een lekker hapje mee, gaat hij te ver naar voren of loopt hij naar de zijkant weg, geef dan een kort rukje aan de lijn, gevolgd door het commando 'volg'. Wanneer hij enkele meters attent naast u heeft gelopen zoals het hoort, prijst u hem uitbundig en geeft u hem wat lekkers. Het heuptasje is handig bij gulzigaards, aangezien zij dan vaak vanzelf al dat heuptasje en dus ook u in de gaten houden. U kunt dit commando uitbreiden door scherpe bochten naar links en rechts te maken. Door het volgen te combineren met de commando's 'zit', 'af', en 'blijf', kunt u een hele oefening opbouwen. Deze oefening kunt u later, als uw puppy alle commando's beheerst, misschien een keer of vaker in de week nog eens doornemen.

Plaats

Het commando 'Plaats' wordt gebruikt wanneer uw bulldog naar zijn plaats dient te gaan. Sommige bullen zijn heel slim en begrijpen dit commando al heel snel, vooral als u hierbij naar zijn mand of kamerkennel wijst. Andere zullen wat meer aanmoediging nodig hebben. Pak de puppy op en zet hem op zijn plaats en zeg daarbij duidelijk 'plaats'. Als de puppy, al is het maar even, op deze plaats blijft, zegt u: "Braaf, dat is plaats!" Wanneer u dit meerdere keren herhaalt, zal hij het snel doorkrijgen. Hij mag pas weer van zijn plaats af als u daar toestemming voor hebt gegeven, bijvoorbeeld door hem te roepen.

De puppycursus

Wanneer u liever onder deskundige leiding deze oefeningen met uw puppy wilt doen, kunt u het beste contact opnemen met een kynologenvereniging bij u in de buurt. Adressen zijn op te vragen bij de Raad van Beheer op Kynologisch Gebied te Amsterdam. Een puppycursus is tevens een ideale gelegenheid uw hondje kennis te laten maken met andere honden. Meestal is het volgen van een puppycursus bij een kynologenvereniging niet duur, maar wel erg leerzaam en leuk om te doen. Wees er wel zeker van dat uw hondje alle entingen heeft gehad voordat hij het door honden druk bezochte trainingsveld opzoekt.

6. Verzorging

De basisuitrusting

Voor de verzorging en het houden van een bulldog hebt u een aantal artikelen nodig. Omdat uw hond uiteraard niet altijd los kan lopen, moet hij al jong gewend zijn aan het dragen van een halsband of tuig. Een tuig is in sommige gevallen meer aan te bevelen, aangezien een band te veel druk op de nek kan uitoefenen. Koop alleen artikelen van goede kwaliteit. Als uw bulldog op een onbewaakt ogenblik losschiet omdat de lijn of de band knapt, kunnen de gevolgen niet te overzien zijn. Materiaal dat doorgestikt is in plaats van vastgeniet, verdient altijd de voorkeur. Op de vastgeniete gedeelten komt vaak te veel druk te staan, waardoor het leer eerder scheurt. Nylon als materiaal voor hondebanden en lijnen wordt in bijvoorbeeld Amerika het meest verkocht, maar heeft in onze lage landen weinig aanhangers. Toch is een nylon band altijd te prefereren boven een tuig, band of lijn van een mindere kwaliteit leer. Het materiaal is zacht, beschadigt de vacht van de bulldog niet en is oersterk. Binnenshuis hoeft uw bulldog natuurlijk niet altijd zijn tuig of band te dragen, ook al om kale plekken op de vacht te voorkomen.

Water en drinkbakken dienen van een stevig materiaal te zijn, dat niet snel breekt of scheurt. Roestvrijstalen bakken zijn in de meeste gevallen de beste keus; ze kunnen niet breken en zijn als het nodig is zelfs uit te koken. Het beste kunnen deze roestvrijstalen bakken in een lage standaard gezet worden zodat ze niet over de grond gaan schuiven. Plastic bakken kunnen ook prima dienst doen, zolang het maar een zware kwaliteit is en u ze regelmatig (iedere dag) goed schoonmaakt.

Het gebruik van aardewerk bakken moet afgeraden worden. Ze zijn mooi om te zien, maar breken te snel en zijn daarom in gebruik onpraktisch en duur.
De mand dient altijd een stukje van de grond af te staan. Dit is beter voor de gewrichten en isoleert ook beter. Hoe leuk en mooi een rieten mand ook is, pups vinden het heerlijk eraan te knagen en deze vervelende gewoonte is moeilijk af te leren. Plastic manden zijn gemakkelijk schoon te maken en hebben aan de onderkant een opstaand randje zodat uw bulldog nooit vlak op de grond ligt. Het is ideaal als u verschillende kleedjes hebt die u regelmatig wast, zodat de bulldog steeds een schoon kleedje tot zijn beschikking heeft. Ook een kamerkennel is een prima ligplaats.

De elementaire verzorging

De vacht

Voor de vachtverzorging hebt u een rubberen borstel nodig. Normale borstels of kammen van plastic, metaal of echt haar verwijderen de losse haren niet goed uit de vacht. Op de rubberen borstels blijven de meeste losse haren achter, zodat u er beduidend minder op het tapijt krijgt.
Verder zult u een vlooienkam in huis moeten hebben om de bulldog regelmatig na te zien op vlooien. Of de hond vlooien heeft, kunt u zien aan de vlooie-uitwerpselen. Deze bevinden zich meestal achterop de rug rond de staart, en zien eruit als kleine, bruinzwarte, grove korreltjes.
Uw bulldog zal meer dan eens per jaar gewassen moeten worden. Gebruik hiervoor nooit shampoo die voor mensen of zelfs baby's geschikt is. Ook vele hondenshampoos drogen de vacht te veel uit. Kies een shampoo die minkolie bevat. Deze olie tast de beschermlaag van de vacht niet aan, maar verbetert die zelfs

De gezichtsplooien van de Engelse bulldog hebben extra zorg nodig

Een bulldogmoeder kan een vermoeide indruk maken (zie blz. 39)

in sommige gevallen. Met deze shampoos mogen zelfs jonge honden gewassen worden als u er maar voor zorgt dat zij daarna warm en tochtvrij kunnen drogen.
Om de vacht lekker fris te houden en de 'hondelucht', zeker bij regenachtig weer, tegen te gaan, zijn er hondelotions te koop. Deze ruiken meestal aangenaam en houden de vacht langer schoon. Ook voor de lotions geldt dat u een soort moet kiezen waar minkolie in verwerkt is.

De ogen

Voor de verzorging van de diepe plooien die we bij onze bulldoggen vooral onder de ogen aantreffen, kunt u gekookt water gebruiken en een stevig tissue. Vuil en traanvocht hopen zich op in deze groeven en kunnen, als ze niet tijdig worden verwijderd, leiden tot zeer vervelende ontstekingen. Er zijn speciale lotions te koop die tevens de lelijke donkere strepen onder de ogen kunnen voorkomen en verwijderen. Vooral voor bulldoggen met een wit of lichtgekleurd gezicht zijn deze lotions geschikt. Afhankelijk van de soort bulldog moet u de gezichtsplooien dagelijks tot één maal per week schoonmaken. Sommige mensen druppelen regelmatig wat oogwater in het oog om ontstekingen tegen te gaan.

De oren

Ook de oren moeten regelmatig nagekeken en verzorgd worden. Gebruik hiervoor geen wattenstaafjes, aangezien deze ondingen het vuil alleen maar verder de gehoorgang in proppen, waardoor zich ontstekingen kunnen vormen. Gebruik een goede kwaliteit oorreiniger, één maal per week. Afhankelijk van de soort oorreiniger laat u wat druppels in de gehoorgang lopen, waarna u deze masseert. Met een tissue kunt u daarna oppervlakkig het vuil verwijderen.

Een goed passend tuig is in sommige gevallen beter dan een halsband

Voetzolen en nagels

Voetzooltjes en nagels kijkt u tevens regelmatig na. Tussen de voetzolen kunnen doornen of andere ongerechtigheden schade aanrichten, waardoor uw bulldog veel pijn heeft en kreupel gaat lopen. Doornen kunt u zelf verwijderen en daarna geeft u de hond een aantal keren per dag een voetbadje van soda.
De nagels mogen niet te lang worden. Honden die veel buiten op straat lopen, zullen weinig last hebben van te lange nagels, want deze slijten vanzelf wel af. Als uw bulldog meer loopt op

Kijk de oren van uw bulldog regelmatig na op ongerechtigheden

een zachte ondergrond, moet u regelmatig controleren of de nagels niet te lang zijn. U kunt de nagels zelf bijvijlen of -knippen. Wanneer u dit niet aandurft (u kunt moeilijk controleren waar het 'leven' zit bij donker gekleurde nagels), laat u dit doen door een dierenarts of in een trimsalon.

Het gebit

Wanneer u uw bulldog harde brokjes te eten geeft, wordt hierdoor zijn gebit op een natuurlijke manier gereinigd. Buffelhuidbotten hebben nog meer effect. Sommige fokkers en bulldoggenbezitters zijn geen voorstander van het verstrekken van buffelhuidbotten, omdat de bulldog er in kan stikken. Geef uw bulldog dus nooit een buffelhuidbot zonder toezicht en liever een grotere dan een kleine maat. Gooi het laatste stukje weg, want hierin kan uw hond zich zeker gemakkelijk verslikken. Wanneer u uw bulldog zacht voer voorzet en nooit buffelhuidbotten geeft, houd dan zelf het gebit schoon door het regelmatig te poetsen. Als u de pup daar al aan went, geeft het later geen strubbelingen. Het gebit is ook voor de hond belangrijk, verwaarloos het dus niet. Heeft uw bulldog erg veel tandsteen, laat het dan door de dierenarts verwijderen. Tandsteen veroorzaakt verder tandbederf, tandvleesontstekingen en zelfs het uitvallen of afbreken van tanden.

Parasieten

Vlooien

Vlooien zijn een plaag, niet alleen voor de hond zelf maar ook voor de mensen die in hetzelfde huis wonen. Ze zijn vreselijk moeilijk uit te roeien en vermenigvuldigen zich razendsnel. Overigens zitten de meeste vlooien in het tapijt of in de mand, en niet op de hond zelf. Er zijn veel anti-vlooienmiddelen te koop. Let u bij aankoop op de werkzame stof die het middel bevat. Voor sommige stoffen zijn de vlooien zo goed als immuun geworden. Hebt u het idee dat het middel niet werkt, kijk dan uit naar een middel met een andere werkzame stof.

Begin met het huis dagelijks te stofzuigen en stop in de stofzuigerzak een vlooienband of een goede kwaliteit vlooienpoeder, anders komen de kwelgeesten weer doodleuk uit de stofzuiger gekropen. Het kleedje uit de mand zal enige malen per week gewassen moeten worden en bewerkt met een vlooienpoeder of een spuitbus. De hond zelf houdt u zo veel mogelijk vlovrij door hem ten eerste te wassen met een vlooienshampoo. Was hem daarna altijd met een goede hondenshampoo na, aangezien vlooienshampoo meestal vervelend ruikt en de beschermlaag van de huid aantast.

Ook moet u de hond dagelijks met een vlooienkam nalopen. De met de kam gevangen vlooien doopt u in een bakje met spiritus of afwasmiddel, zodat zij bedwelmd worden. Alleen water heeft geen nut, omdat de vlooien hier weer uit kunnen kruipen. Vlooien houden van vochtige ruimten. Als u vaak

Drie goedverzorgde jonge Engelse bulldoggen

dweilt, houdt u hier dan rekening mee. U roeit er de vlooien niet mee uit, ze gedijen er juist beter op.

Teken

Teken doet uw bulldog meestal op in de buurt van bomen of struiken. Het zijn een paar millimeter grote, ronde grijze diertjes, die zich vastzuigen aan de huid en zo het bloed van de hond aftappen. Probeer nooit zomaar een teek uit de huid van uw bulldog te trekken; het voorste gedeelte blijft dan in de huid zitten en veroorzaakt ontstekingen. Doop een tissue in wat alcohol of een ander bedwelmend middel en houd deze op de teek, die door de bedwelmende werking van de alcohol wat minder vast in de huid gaat zitten. Trek dan in een draaiende beweging de teek uit de vacht.

Wormen

Wormen zijn veelvoorkomende parasieten. Gelukkig zijn zij, in tegenstelling tot vlooien, relatief gemakkelijk te bestrijden. In principe wordt iedere puppy met wormen geboren en daarom zal de fokker zijn jonge hondjes ook een aantal keren ontwormen voordat zij naar hun nieuwe baasjes gaan. U gaat preventief te werk door uw hond tweemaal per jaar te ontwormen met een goed wormenmiddel dat tegen alle wormen werkzaam is. Een hond die veel wormen heeft, blijft mager terwijl hij toch voldoende eet. In een ernstig geval is de buik opgezwollen. Vlooien en wormen gaan meestal samen, dus ontworm uw bulldog ook als hij vlooien heeft.

Entingen

Laat uw bulldog altijd op tijd enten. De entingen beschermen hem tegen de vreselijkste ziekten, al dan niet met dodelijke afloop. Een belangrijke enting is de enting tegen de ziekte van Weil (leptospirose). Deze ziekte wordt verspreid door ratteurine en uw hond kan deze ziekte krijgen door het contact met een (dode) rat of het drinken uit een vervuilde sloot of meer. Een aantal dagen nadat het dier geïnfecteerd is, is de bacterie opgenomen in de bloedsomloop en veroorzaakt hoge koorts. Het wit van de oogbol verkleurt geel. Binnen een week worden de milt, nieren en lever aangetast en dit gaat gepaard met veel braken en bloederige diarree. Vijftig procent van de geïnfecteerde honden overleeft de ziekte als de symptomen snel genoeg onderkend worden en de behandeling kan worden ingezet. Er is overigens een grote kans dat de honden die Weil overleven een blijvende nierbeschadiging overhouden.

Parvo is een betrekkelijk jonge ziekte, waarvan in 1978 voor het eerst melding werd gemaakt. Omdat er in die tijd uiteraard nog geen enting tegen was, heeft parvo veel slachtoffers geëist, vooral onder puppy's. Waarschijnlijk is dit virus een gemuteerde versie van katteziekte.

De hond kan parvo oplopen door op veldjes te komen waar veel honden worden uitgelaten, die mogelijk besmet zijn met parvo. Dit virus tast het maag-darmkanaal aan, zodat dragers hiervan bloederige diarree vertonen en veel braken. Bij erg jonge hondjes beschadigt ook de hartspier, zodat de hondjes sterven aan hartzwakte. Parvo is zeker voor heel jonge puppy's dodelijk en de enkeling die parvo overleeft, kan later alsnog sterven omdat het hart te zeer is aangetast. Aangezien de eerste voorlopige enting tegen parvo nog geen volledige bescherming biedt, dient u de pup weg te houden van veldjes waar veel honden komen, totdat hij op een leeftijd van ongeveer 12 weken zijn volledige enting heeft gehad.

Uw dierenarts zal de bulldog ook altijd enten tegen hepatitis of besmettelijke leverontsteking. Ook dit is een virusziekte. Een hond die besmet is met dit virus heeft altijd koorts, een dunne,

soms bloederige ontlasting en een doorzichtige afscheiding uit ogen en neus. Hepatitis is een ernstige ziekte. Puppy's die ermee besmet worden, sterven vaak nog dezelfde dag. Oudere honden kunnen genezen, maar over het algemeen is hepatitis dodelijk.
De ziekte van Carre, beter bekend onder de naam hondeziekte, is eveneens een virusziekte, waartegen een enting bestaat. Hondeziekte is in de meeste gevallen dodelijk. Een hond die aan hondeziekte lijdt, heeft hoge koorts, hoest veel, vertoont een etterige afscheiding uit ogen en neus, en droogt daarnaast snel uit. Een typisch verschijnsel dat aangeeft dat men te doen heeft met hondeziekte, is dat de hond geen fel licht meer kan verdragen.

Uw bulldog dient dus ingeënt te zijn tegen al deze uiterst gevaarlijke ziekten. Vergeet nooit de jaarlijks terugkerende enting, aangezien entingen steeds maar weer tijdelijk werken, en een niet op tijd ingeënte hond dus bevattelijk wordt voor deze ziekten. U ontvangt bij de fokker een entingsboekje, waarin staat wanneer de pup weer geënt moet worden.
Entingen tegen rabiës oftewel honsdolheid zijn verplicht als u met uw hond naar het buitenland gaat en meestal ook voor opname in een hondenpension. Informeer tijdig naar de wetgeving over hondsdolheid in het buitenland, zodat u niet voor verrassingen komt te staan. Naar landen als Groot-Brittannië, Australië en Zweden kunt u de hond niet meenemen. Bij de bevolking van deze landen zit de schrik voor rabies er zo in, dat zij alleen honden toelaten die langere tijd in quarantaine zijn geweest. Het maakt hier dus geen verschil of uw hond is geënt, hij komt er gewoon niet in. Deze angst voor rabies heeft te maken met het feit dat rabies ook mensen kan besmetten en dus niet alleen gevaarlijk is voor honden en bijvoorbeeld vossen.

Engelse bulldoggen zoeken vaak zelf al de schaduw op als het te warm wordt

Warmte

Met name Engelse bulldoggen kunnen 's zomers last hebben van de warmte. Door onder andere de korte ademweg kunnen zij gemakkelijker dan andere rassen bevangen worden door de hitte.

Neem altijd voorzorgsmaatregelen als u een dag weggaat, bijvoorbeeld naar een hondenshow. Deze voorzorgsmaatregelen bestaan uit een jerrycan met koud water, wat katoenen lappen en/of een plantespuit met water. Laat uw bulldog nooit, maar dan ook nooit onbeheerd in de auto achter. De kans dat de zon draait of achter de wolken te voorschijn komt, is te groot. Ieder jaar weer sterven er helaas niet alleen bulldoggen, maar ook andere honden die achtergelaten worden in auto's. De zon maakt van de auto een broeikas, ook als u een raampje laat openstaan. Wanneer u merkt dat uw bulldog het te warm gaat

krijgen, koelt u hem af met in koud water gedrenkte lappen en legt u hem op een zo koel mogelijke plaats. Wanneer uw bulldog hier niet goed op reageert of misschien al te ver heen is, laat u direct een dierenarts komen. Een bulldog die bevangen is door de hitte kan snel sterven als er niet onmiddellijk diergeneeskundige hulp wordt geboden.
Niet alleen in de auto, maar ook buiten kan uw bulldog het te kwaad krijgen. Meestal zoekt hij uit zichzelf een schaduwrijk plaatsje in de tuin op. Als hij daar geen gelegenheid toe heeft, laat dan de achterdeur open, zodat hij naar binnen kan als het te warm wordt.

Als het op een warme dag niet noodzakelijk is uw bulldog mee te nemen, kunt u hem beter gewoon thuislaten. U doet hem hier meer plezier mee.

Sommige bulldoggen hebben moeite met zwemmen. Dit is een gevolg van de gedrongen lichaamsbouw

Zwemmen

Zwemmen kan voor veel bulldoggen heerlijk zijn. Op heel warme zomerdagen kunnen zij met zwemmen hun conditie op peil houden, terwijl hun lichaamstemperatuur niet gevaarlijk stijgt. Toch is enige terughoudendheid hier op zijn plaats. Er zijn verschillende gevallen bekend van bulldoggen die absoluut niet kunnen zwemmen, maar zinken als een baksteen als zij geen vaste grond meer onder voeten hebben. Wees daarom voorzichtig bij het 'te water laten' van uw bulldog en blijf dicht bij hem voor het geval dat het mis gaat.

7. Ziekten

J.W.H.M. Strikkers

De strekking van dit boek reikt niet ver genoeg om alle ziekten te behandelen die bij de bulldog voorkomen. Een aantal echter zal ik u niet onthouden.

Om te weten of onze bulldog ziek is, moeten we hem goed observeren. Een hond die zich niet goed voelt, zal in de meeste gevallen niet of weinig interesse voor zijn eten vertonen. Hij kan veel gaan drinken, onzindelijk worden en een trage, lusteloze en teneergeslagen indruk maken. Ook aan de ontlasting kunt u het een en ander constateren. Een keertje diarree hoeft niet meteen alarmerend te zijn, maar als deze vorm van ontlasting langer aanhoudt, kunt u het beste contact opnemen met de dierenarts. De ontlasting behoort overigens een normale, middenbruine kleur te hebben en mag niet te geel, te rood of te zwart zijn. Witte ontlasting duidt vaak op een teveel aan kalk (misschien door het kauwen op een kalkbot), een rode ontlasting kan o.a. het gebruik van kleurstoffen in het voer aangeven.

Als u twijfelt over de gezondheid van uw hond, neem dan zijn temperatuur op. Een gezonde hond heeft een lichaamstemperatuur van 37,5 tot 38,5 °C. Een hond die net een zware inspanning heeft gepleegd of net gegeten heeft, kan een iets hogere lichaamstemperatuur hebben. Is de lichaamstemperatuur lager dan bijvoorbeeld 36,5 °C en maakt de bulldog een apathische indruk, dan is de kans groot dat hij in een shocktoestand verkeert. Waarschuw dan onmiddellijk de dierenarts! Wanneer de bulldog braakt, last heeft van diarree, veel drinkt

Om de bulldog te beletten zijn wonden open te bijten, adviseert de dierenarts een kap na een operatie

en weinig eet, terwijl zijn lichaamstemperatuur 39 °C of meer is, heeft hij koorts. Nu is geen enkel ziekteverloop hetzelfde. U kent uw bulldog beter dan wie dan ook en bent dan ook de aangewezen persoon om te constateren of uw hond ziek is of koorts heeft.

Baarmoederontsteking

Baarmoederontsteking is helaas een veelvoorkomend euvel dat het meeste voorkomt bij teven van 5 jaar en ouder. De aandoening treedt meestal 6 tot 8 weken na de loopsheid op. Vaak is operatief verwijderen van de baarmoeder de enige afdoende remedie. Wanneer de hond al wat ouder is en ook verzwakt door de ziekte, kan deze operatie, vooral bij onze kortneuzige

bulldoggen, risico's met zich meebrengen. Wanneer u dan ook niet van plan bent te gaan fokken met uw bulldogteef (wat overigens leken toch al niet aan te raden is) kunt u het beste preventief de baarmoeder laten verwijderen. Het beste tijdstip is ongeveer 3 maanden na de eerste loopsheid.
Baarmoederontsteking komt voor in twee hoedanigheden. Bij de gesloten baarmoederontsteking ziet u geen uitvloeiing uit de vulva, maar de teef maakt wel een zieke indruk en drinkt erg veel. In het geval van een open baarmoederontsteking kunt u groenachtige uitscheiding uit de vagina constateren. Een verwaarloosde baarmoederontsteking leidt vrijwel zeker tot de dood, al kan deze ziekte een langzaam verloop hebben. Zeker bij een gesloten baarmoederontsteking zult u misschien de eerste week of weken weinig in de gaten hebben, aangezien er zich bij deze vorm van baarmoederontsteking (pyometra) geen uitvloeiiing uit de vulva voordoet.
Als u twijfelt, kunt u in eerste instantie het beste uw dierenarts raadplegen.

Voorhuidontsteking

Voorhuidontsteking komt veel voor bij reuen. U kunt gemakkelijk zien of uw reu een voorhuidontsteking heeft. Uit de voorhuid ziet u zo nu en dan wat groenachtige uitscheiding komen.
Voorhuidontsteking is ongevaarlijk voor de reu. Helaas is deze aandoening moeilijk te genezen. De dierenarts zal u een vloeistof meegeven waarmee u de voorhuid dagelijks moet spoelen, eventueel aangevuld met zalf en/of een pillenkuur. In de meeste gevallen echter lijkt de ontsteking genezen, maar steekt deze na een tijdje weer opnieuw de kop op.

Jeuk

Jeuk en kale plekken zijn misschien wel de meest voorkomende kwalen. Er is niets zo vervelend dan dat uw hond voortdurend jeuk heeft. De voornaamste oorzaken zijn vlooien- of voedingsallergie, atopie, luizen en mijten, anaalklierovervulling en ontsteking.

Vlooien

Wat u als uw hond jeuk heeft altijd moet doen, is hem goed nakijken op vlooien. Op de hond huizen de vlooien meestal op het achterlichaam en op de buik. Ze zijn niet alleen in de zomer aanwezig, maar ook in de herfst en in de winter kunnen ze problemen veroorzaken. Dit komt omdat de vlo zich in onze met C.V. verwarmde huizen gewoon kan voortplanten door de hoge omgevingstemperatuur. Heeft uw hond vlooien, dan zult u deze goed en vooral ook regelmatig moeten bestrijden. Vergeet u vooral niet de vloerbedekking en de ligplaats van de hond, want juist daar liggen de vlooieneitjes waarvan er iedere dag uitkomen (zie ook: hoofdstuk 6, Verzorging).

Voedingsallergie

Een zeer veel voorkomend probleem is de voedingsallergie. Hierbij is de bulldog allergisch voor bepaalde voedingsbestanddelen. In de regel beginnen de klachten al beneden de leeftijd van 8 maanden. De hond heeft jeuk over het gehele lichaam en heeft puistjes op de buik, in de liezen en in de oksels. In 50% van de gevallen heeft de hond een wisselende vastheid van de ontlasting. De diagnose wordt gesteld door de hond gedurende 6 weken *uitsluitend* rijst met schapevlees als voer en Roosvicee en water te drinken te geven. Na deze periode moet de jeuk zo goed als verdwenen zijn.

Ook deze jonge Engelse bulldog stamt af van de wolf

Als uw bulldog kan zwemmen, vindt hij het heerlijk in het water

Laat een pup zo vroeg mogelijk aan andere dieren wennen, dan zal dit later weinig problemen meer geven

Atopie

De derde belangrijke oorzaak van jeuk is atopie. Dit betekent dat stoffen (inhalatieallergenen, zoals katte-, honde-, konijne- en mensenhuidstof, huisstofmijten, boom- en graspollen) die door de bulldog worden ingeademd, via een allergische reactie in het lichaam jeuk kunnen veroorzaken aan vooral de kop (over de grond schuren) en aan de pootjes (overdreven bijten en likken). De jeuk wordt vaak ook gezien op de rug, in de oksels en aan de oren.
De aanvangsleeftijd is meestal 6 maanden tot 3 jaar. Indien uw bulldog deze symptomen vertoont, moet er een allergietest uitgevoerd worden.

Luizen en mijten

Luizen, maar vooral ook mijten worden nogal eens gevonden bij honden met jeuk. Luizen zijn te vinden op dichtbehaarde plaatsen zoals oorbasis, hals en staart. Luizen kunnen heftige jeuk veroorzaken. Ze zijn, evenals de neten, te zien met het blote oog.
Indien uw hond last heeft van luizen, moet u uw hond minimaal één maal per week behandelen met antiparasitaire 'shampoo' en deze behandeling minimaal viermaal herhalen. Verder moet u de omgeving waarin de hond zich bevindt goed schoon houden.
We vinden bij de bulldog drie soorten mijten: de demodexmijt (puppyschurft), de Sarcoptesmijt (schurft)en de Cheyletiellamijt. De dierenarts neemt een huidafkrabsel en bekijkt dit onder een microscoop. De pup kan alleen tijdens de eerste levensweek besmet worden met demodex, dit gebeurt meestal door de moeder. Met de twee andere mijten kan de bulldog gedurende zijn hele leven besmet worden. De behandeling tegen deze mijten wordt uitgevoerd met insecticiden die de dierenarts voorschrijft.

Insektebeten kunnen gevaarlijk zijn als uw hond er allergisch voor is, zoals deze Franse bulldog

Anaalklierovervulling

Anaalklieren zitten bij de hond links en rechts van de anus, ongeveer 1 cm naar binnen toe. Wanneer de hond last heeft van deze klieren, probeert hij op deze plaatsen te bijten. Wanneer dit niet mogelijk is of niet voldoende helpt, gaat hij om de pijn en jeuk te verzachten 'sleetje rijden'. Dit is een typische manier van voortbewegen die gemakkelijk te herkennen is. Bij het 'sleetje rijden' beweegt de hond op zijn achterste zichzelf voort, waarbij hij zich afzet met zijn voorpoten.
Wanneer u vermoedt dat uw hond misschien last heeft van zijn anaalklieren, gaat u naar de dierenarts of naar een goede hondentrimsalon waar de anaalklieren leeg gedrukt kunnen worden.

Ingegroeide staart

De staart van de bulldog kan soms mooi gekruld zijn, maar als we het puntje van de staart proberen te vinden, blijkt dat naar binnen te groeien. Op deze plaats zal er snel ontsteking van de huid optreden en dat geeft ernstige jeukklachten. De symptomen zijn gelijk aan die van een anaalklierovervulling. De huid rond de staart moet dagelijks gereinigd worden en ingesmeerd met een antibioticahoudende zalf. Indien dit geen verbetering geeft, is verwijdering van de staartpunt noodzakelijk.

Vetzucht

De werking van de schildklier kan er onder andere debet aan zijn dat uw bulldog buitenproportionele verhoudingen gaat aannemen. Vaker echter zal er aan de werking van de schildklier niets mankeren, maar krijgt onze bulldog te veel lekkers toegeschoven. Een bulldog heeft zijn juiste gewicht als de ribben nauwelijks zichtbaar zijn, maar wel gemakkelijk te voelen. Als u ver door moet drukken om de ribben te voelen, is de hond te dik. Het is onnodig te zeggen dat dikke honden vreselijk ongezonde honden zijn die moeilijk uit de voeten kunnen en een korter leven beschoren zijn dan hun magerder soortgenoten. Is uw hond te dik, stop dan onmiddellijk met tussendoortjes en voer zeker een derde minder dan u gewend was. Als uw bulldog, die grotere hoeveelheden gewend is, honger blijft houden, kunt u een derde van het voer aanvullen met sperziebonen, die wel vullen, maar geen bruikbare energie voor de hond bevatten. Een lichter dieet (bijvoorbeeld een grondmix verrijkt met kippevlees) kan in dit geval ook wonderen doen.

Obstipatie

Wanneer uw bulldog last heeft van obstipatie, oftewel harde, moeizame ontlasting, mag u de bulldog niet op botten laten kauwen en kunt u wat laxerende middelen toevoegen aan zijn menu. Natuurlijke laxerende middelen zijn melk en paardevlees. Rauwe eieren werken ook laxerend, maar mogen nooit te lang achter elkaar gegeven worden. Ze kunnen bepaalde stoffen in het lichaam afbreken die de hond hard nodig heeft. Wanneer u dus een gezonde hond een eitje wilt voorzetten, laat het dan eerst een paar minuten koken.

Diarree

Diarree, oftewel zeer dunne ontlasting, kan verschillende oorzaken hebben. De bulldog kan uit een plas water op straat gedronken hebben, zich erg druk hebben gemaakt (bijvoorbeeld tijdens een wandeling) of iets verkeerds hebben gegeten. Wanneer de bulldog slechts eenmalig diarree heeft, hoeft u zich in de regel niet ongerust te maken. Als de hond verder een gezonde indruk maakt, kunt u de diarree proberen op te heffen door hem enkele dagen niets anders dan gekookte rijst met kip of kippebouillon te verstrekken. Meestal gaat de diarree hiervan over. Na deze dagen vult u de porties aan met het voedsel dat hij gewend was te eten. Diarree kan ook een andere oorzaak hebben. Het kan zijn dat uw bulldog zijn voedsel niet goed kan verdragen. Dit hoeft u niet meteen te merken, het kan ook dagen- of wekenlang goed gaan totdat uw hond uiteindelijk diarree krijgt. Overzetten op een ander merk voer of een ander soort voer kan hierbij uitkomst bieden.
Wanneer u de zaak niet vertrouwt omdat uw bulldog zich anders gedraagt dan anders of misschien een zieke indruk maakt,

kunt u het beste contact opnemen met de dierenarts. Overigens geldt zeker voor honden met diarree dat zij ruim voldoende water ter beschikking moeten hebben om het gevaar van uitdroging tegen te gaan.

Kennelhoest

Kennelhoest is een infectieziekte. De ziekte wordt veroorzaakt door de Bordetella-bacterie, soms vergezeld van een para-influenzavirus. Kennelhoest is een besmettelijke aandoening, die vaak de kop opsteekt op plaatsen waar veel honden bij elkaar gehouden worden. Het is daarom raadzaam om de hond in te enten tegen kennelhoest als u hem voor langere of kortere tijd naar een pension brengt. De meeste pensionhouders staan er overigens op dat de hond is ingeënt. Ook op tentoonstellingen is de kans groter dat uw bulldog kennelhoest oploopt.
Kennelhoest wordt gekenmerkt door een droge, hevige hoest die zich aanvalsgewijs voordoet. Sommige honden hoesten als het ware vanuit hun teennagels. Het gevaar bij de bulldog is dat er een forse zwelling in de luchtpijp en keel optreedt waardoor de ademhaling ernstig bemoeilijkt wordt. Als u twijfelt of uw hond kennelhoest heeft, raadpleegt u uiteraard uw dierenarts.

Shocktoestand

Bij een shocktoestand zijn de hartslag en de bloeddruk in de bloedvaten niet meer op elkaar afgestemd. Hierdoor kan de hond in zeer korte tijd bewusteloos raken en sterven. Shockpatiënten tonen dan ook bijna altijd wit of blauw verkleurd

Wanneer uw bulldog het te warm krijgt, kan water verkoeling bieden, maar pas op! Niet iedere bulldog kan zwemmen

tandvlees als gevolg van zuurstoftekort. Meestal gedragen zij zich ook apathisch, kijken strak voor zich uit. De temperatuur kan 36 °C of minder bedragen. Houd uw bulldog die in een shocktoestand verkeert warm door hem met een deken of wat dan ook toe te dekken en waarschuw onmiddellijk de dierenarts. Een shocktoestand kan bijvoorbeeld volgen op een ongeluk, een vechtpartij, oververhitting of een operatie.

Vergiftiging

Het is niet te hopen dat het u overkomt, maar er zijn nog steeds lieden die denken een einde te moeten maken aan het 'hondenprobleem' door op veldjes waar veel honden komen vergiftigde worsten en dergelijke te strooien.

Soms is een vergiftigde hond nog te redden, als u er tenminste vroegtijdig bij bent. Een vergiftigde hond kan verschillende symptomen laten zien, onder meer heftig kwijlen, braken, diarree, buikkrampen of rillen. Soms raakt hij in een soort coma of vertoont vreemde schrale plekken op de huid. Wanneer u vermoedt dat uw hond is vergiftigd, waarschuwt u in eerste instantie de dierenarts en probeert u te achterhalen wat voor gif het is geweest. Na overleg met uw dierenarts kunt u proberen uw bulldog te laten braken door hem een flinke schep zout toe te dienen, maar wees voorzichtig! Voor een aantal vergiften geldt dat uw bulldog ze juist niet mag uitbraken (zoals verfverdunner en benzine).
U kunt uw bulldog dan beter melk, norit of rauwe eieren toedienen om te voorkomen dat deze stoffen door het lichaam worden opgenomen. Hoe dan ook, bij iedere twijfel raadpleegt u de dierenarts.

Ademhalingsproblemen

We spreken bij ademhalingsproblemen niet over het 'normale' snurken; het gaat hierbij om levensbedreigende situaties. Bij de hond zijn de ademhalingsorganen niet alleen bestemd voor de ademhaling, maar ook voor de koeling van het lichaam. Dit laat uw bulldog ook duidelijk merken wanneer hij het warm heeft. De hond gaat oppervlakkig hijgen (panting) en zijn tong hangt uit zijn bek. Op deze manier zorgt uw bulldog ervoor dat er water verdampt van slijmvliezen van luchtpijp, keel, bek en tong. Hierdoor treedt er verkoeling op van het gehele lichaam. In tegenstelling tot de mens kan de hond namelijk niet transpireren en moet hij op deze manier zijn lichaam op temperatuur houden. Zoals u zult begrijpen, is de mate van afkoeling onder andere afhankelijk van de hoeveelheid lucht die de

slijmvliezen passeert. Een hond met een geringe diameter van de luchtpijp kan minder lucht laten passeren en raakt dus sneller oververhit. Er zijn erg veel bulldoggen die een vrij nauwe luchtpijp hebben en daar gewoon mee kunnen leven. Alleen op warme dagen of bij grote inspanningen kan dat tot problemen leiden.
Als de bulldog oververhit raakt (lichaamstemperatuur hoger dan 42 °C), wil hij niet meer lopen, gaat liggen en blijft hijgen. Het beste wat u in zo'n geval kunt doen, is uw hond zo snel mogelijk af te koelen, bijvoorbeeld door water over hem heen te gieten. Het is zeer belangrijk dit lang genoeg te doen, het liefst onder controle van de lichaamstemperatuur (normaal 38,0 tot 39,0 °C). Hierna gaat u zo snel mogelijk naar een dierenarts. Doordat de eiwitten in het lichaam niet tegen hoge temperaturen bestand zijn (denk aan het koken van een ei), worden de lichaamsfuncties ontregeld. Indien niet snel en adequaat wordt ingegrepen, zal de dood volgen.
Een ander zeer vaak voorkomend probleem is het 'kortsnuitensyndroom'. Dit is een verzamelnaam van vaak gecombineerd of apart voorkomende problemen van de voorste luchtwegen (neus, keel, keelkop en luchtpijp) bij bulldoggen. De volgende aandoeningen worden onder deze noemer geplaatst:

- te kleine/vernauwde neusgaten,
- te lang, zacht verhemelte,
- vergroting van de tonsillen (amandelen),
- samenklappen van de larynx (keelkop),
- slijmvliesplooien in de keel.

Al deze aandoeningen geven min of meer hetzelfde beeld. De honden hebben problemen bij de inademing, er kan een 'blokkering' optreden. Bij opwinding of beweging geven de honden snel voedsel of wit, taai slijm op. Vaak hoesten de honden ook,

Twee gezonde en tevreden Franse bulldoggen

omdat het slijm dat in een normale situatie continu de luchtpijp verlaat en ingeslikt wordt, nu moeilijker de luchtpijp verlaat. Het slijm dat geproduceerd wordt, is vaak ook taaier.
Het 'kortsnuitensyndroom' wordt vaak nog verergerd door een te nauwe luchtpijp. Het resultaat is dat de hond zeer gevoelig wordt voor luchtwegontstekingen en een bronchitis of een longontsteking oploopt. Indien uw bulldog deze verschijnselen vertoont, kunt u het best contact opnemen met een dierenarts die ervaring heeft met bulldoggen. Operatief ingrijpen is waarschijnlijk nodig.

Rugproblemen

Door de bouw van de rug en zijn enthousiaste karakter is de bulldog erg gevoelig voor rugproblemen. Deze uiten zich in moeilijk opstaan, pijn in de rug, waggelende gang van de achterpoten en in het ergste geval verlamming van de achterpoten. Indien uw bulldog een van deze problemen vertoont, is het belangrijk naar de dierenarts te gaan. Door uw bulldog niet te laten springen, geen trappen te laten lopen en niet eindeloos achter balletjes en stokjes aan te laten rennen, kunt u preventief wat aan de rugproblemen doen.

8. Voeding

De hond stamt van de wolf af en de wolf is, in tegenstelling van wat velen denken, geen pure vleeseter. Een prooidier wordt bijna in zijn geheel opgegeten. In het verteringsstelsel van een prooidier, meestal een herbivoor, komen we groenvoer als grassen en bladeren van bomen tegen. De wolf eet dus ook groenten, zij het voorverteerd door zijn prooidier. Een wolf kan evenals de hond geen vers groenvoer verteren. Hoe komt dat?

Dierlijke cellen (vlees) worden omgeven door een membraan. Dit membraan is zacht en gemakkelijk te 'kraken' zodat de inhoud van de cel voor gebruik omgezet kan worden. De plantecel heeft niet alleen een membraan, maar ook een celwand. Deze celwand is moeilijk verteerbaar en vergt een hieraan aangepast spijsverteringsstelsel. De wolf, en dus ook onze bulldog, hebben zo'n spijsverteringsstelsel niet. Herbivoren als koeien, herten en konijnen zijn uitgerust met een extra lang spijsverteringskanaal dat het mogelijk maakt de stugge celwand te 'ontsluiten'. De wolf maakt dus handig gebruik van het speciale spijsverteringskanaal waarmee zijn prooidier is uitgerust.

Natuurlijk kunnen wij onze hond geen prooidieren aanbieden, maar we kunnen er gelukkig wel voor zorgen dat zij naast vlees ook 'voorverteerde' groenten ter beschikking hebben. Fabrikanten van commerciële voeders zijn met dit gegeven aan de slag gegaan en hebben een fabricageproces ontwikkeld waarmee de celwanden van groenten, granen en rijst 'ontsloten' kunnen worden.

Deze Franse bulldogteef is in optimale conditie

Verschillende soorten voeding

Zelf experimenteren met vlees, groenten of rijst is te allen tijde af te raden. Belangrijker dan dat uw hond niets tekort mag komen aan voedingsstoffen is dat deze in de juiste verhouding in het voer aanwezig moeten zijn. Er is van sommige stoffen bekend dat zij bepaalde vitaminen afbreken. Voeg dan ook nooit zelfstandig voedingsstoffen toe aan een fabrieksmatig volledig voedsel, want daarmee doet u alleen maar afbreuk aan de volledigheid ervan.
Er zijn meer dan voldoende commerciële hondenvoeders waarvan een juiste verhouding van voedingsstoffen, vitaminen en mineralen gewaarborgd wordt. Kijk of op de verpakking vermeld staat dat het een complete voeding betreft, dan weet u zeker dat uw hond niets tekort komt.
Grofweg zijn de complete voeders onder te verdelen in geperste of krokante droge brokken, diner dat met water aangemaakt moet worden, blikvoer en compleet diepvriesvlees.
U kiest wat u het beste lijkt. Ieder voeder heeft zijn voor- en nadelen. Droog voer is gemakkelijk te geven, ook als u weinig tijd hebt, maar heeft als nadeel dat er moeilijk medicamenten in poeder- of tabletvorm tussen gestopt kunnen worden als dit eens nodig is. Diner moet altijd aangemaakt worden met warm water, wat de bereidingstijd verlengt. Blikvoer heeft over het algemeen veel minder voedingswaarde dan diepvriesmaaltijden. Gebruik blikvoer dan ook liever niet als hoofdmaaltijd.
U kunt ook kiezen voor een zogenaamd enkelvoudige vleesmaaltijd, die kan bestaan uit kippevlees, rood vlees of pens. Deze eenzijdige vleesvoeding dient dan wel aangevuld te worden met een gelijke hoeveelheid grondmix. Grondmix is een diner zonder vlees. In grondmix zijn alle voedingsstoffen aanwezig die ontbreken in het vlees, zodat deze twee voeders samen een complete maaltijd vormen. Deze vorm van voeren

is wat arbeidsintensiever en u moet natuurlijk een diepvries tot uw beschikking hebben.
Het is volgens verschillende voedingsdeskundigen niet goed uw hond steeds weer van het ene merk op het andere, of van het ene soort voer op het andere, zoals van droge brokken op diner, over te schakelen. Het maag-darmstelsel van de hond stelt zich in op een bepaalde voeding en heeft moeite met de omschakeling. Wanneer u toch wenst over te stappen op een ander merk of een ander soort voer, doet u dit dan geleidelijk. Geef de eerste dag 9/10e van het 'oude' voer en 1/10e van het nieuwe, de tweede dag 8/10e van het 'oude' voer, en 2/10e van het nieuwe. Binnen tien dagen hebt u zo uw hond probleemloos 'overgezet'. Plotseling overschakelen op een ander soort voer of op een ander merk veroorzaakt diarree.
Welke soort u ook kiest, voor uw hond maakt het niet uit. Een hond heeft geen behoefte aan afwisseling, dit is slechts een menselijke gedachte. Wanneer de hond de smaak van het voer waardeert, is dit meegenomen, maar geen bewijs voor de kwaliteit van het voer. Honden houden in de regel van alles wat vet en zout is, waarvan wij zelf ook weten dat te veel hiervan niet goed kan zijn.
Er is ook nog steeds geen merk waar alle honden goed op reageren. Ga in eerste instantie uit van het advies van de fokker. Als u niet tevreden bent over de conditie van uw bulldog, kunt u overwegen op een ander merk of een ander soort voer over te stappen.

Voedingssupplementen

Wanneer de vacht van uw hond niet glanst en zijn conditie niet al te best is, raadpleegt u eerst de dierenarts en gaat u niet zelf experimenteren. Wanneer uw dierenarts geen lichamelijke afwijkingen kan vinden, kunt u misschien overwegen over te stappen op een ander voer.

Houd u in eerste instantie aan het voedingsvoorschrift van de fokker

Een redelijk gezonde hond die een goed voer krijgt, heeft geen supplementen nodig voor bijvoorbeeld een betere spijsvertering. Het voer moet voldoende zijn en als dat niet zo is, is de soort of het merk voer niet geschikt voor uw hond. Schrap, als u een compleet voer geeft, resoluut kalkpreparaten uit het menu. Helaas zijn er nog fokkers die menen dat een jonge hond in de groei extra kalk nodig heeft. Kalk is in ruim voldoende mate aanwezig in compleet voer. De extra toegevoegde kalk kan door het lichaam moeilijk verwerkt worden en zich gaan afzetten op de botten, met desastreuze gevolgen.

Kauw- en beloningsartikelen

Het geven van tussendoortjes die voor menselijke consumptie gemaakt zijn, is af te raden. Deze bevatten te veel suiker en

veroorzaken bederf. Deze zoetigheden kunnen er ook de oorzaak van zijn dat uw bulldog gaat kwijlen. Voor uzelf en voor de hond is het dus beter deze liefdesblijken achterwege te laten. Het geven van kauwartikelen kan nog wel eens problemen geven bij de Engelse en Franse bulldog. Bulldoggen zijn vaak erg gulzig. Dit, gecombineerd met het feit dat de bek van de bulldog erg breed is, werkt het verslikken in botjes in de hand. Dit verslikken kan zelfs ontaarden in daadwerkelijk stikken. Laat uw bulldog in ieder geval niet zonder toezicht op een buffelhuidbot knagen. U kunt het beste een groot buffelhuidbot nemen, want dit geeft minder problemen dan de kleinere maten. Het laatste stukje gooit u altijd weg, want dit kan ook verslikken veroorzaken.
Een goed alternatief voor buffelhuidbotten zijn langdurig (ongeveer 6 uur lang) gekookte kalfs- of runderbotten. Deze botten blijven hun aantrekkingskracht lang houden. Dergelijke kluiven zijn te groot om door de hond ingeslikt te worden en het lange koken zorgt ervoor dat het bot niet meer splintert. Runderbotten haalt u bij de slager. Als u een bot van zo grote afmetingen niet kunt koken, kunt u een kant-en-klaar 'kalkbot' bij de dierenspeciaalzaak kopen. Deze botten zijn al gekookt. Geef de hond nooit botjes van konijn en kip, want die splinteren en richten vreselijke verwondingen in het spijsverteringsstelsel aan.
Ook varkensvlees moet u vermijden. Varkensvlees kan besmet zijn met de ziekte van Aujeszky, die dodelijk is voor honden. Het rundvlees dat u bij de slager haalt, kan met hetzelfde mes gesneden zijn als varkensvlees, zodat ook bij rundvlees dit gevaar aanwezig is. Geef de hond alleen vlees dat speciaal voor honden gesneden, gemalen en verpakt is, want dan speelt u op zeker wat Aujeszky betreft.
Hondekoekjes mag uw bulldog best hebben. Er is ruim voldoende keus in vorm, structuur en smaak. Geef een koekje als

Zo ziet een gezonde, jonge bulldog eruit

hij iets goeds gedaan heeft bij de training of thuis in zijn voederbak. Zo leert hij al vroeg dat alles wat eetbaar is, verstrekt wordt wanneer hij braaf is, en hij het anders op geen andere plaats dan in zijn etensbak kan verwachten. U voorkomt hiermee een kwijlende, vragende en dus irritant bedelende hond die u stoort bij het eten of tijdens een gezellig avondje. De hond krijgt vaak de schuld, maar zijn volharding in dit vervelende gedrag heeft hij aan u te danken. Beter is nog dat hij weet dat hij tijdens het koken en eten op zijn eigen plaats hoort te zijn.

De juiste hoeveelheid

In principe hoort een bulldog net zoveel eten te krijgen als hij nodig heeft, niet meer en niet minder. Mensen zijn altijd bang dat zij de hond te weinig geven, met als gevolg dat er veel te veel dikke honden rondlopen.
Bij de voeding van uw puppy houdt u de voedingslijst van de fokker aan. Puppy's horen meerdere keren per dag kleine beetjes te eten. Omdat jonge puppy's nogal snel afgeleid zijn, kan het voorkomen dat zij geen 'tijd' hebben om het voedsel op te eten. Wanneer dit bij uw pup het geval is, zet u het eten in een aparte kamer of ruimte, waarin de pup verder niet afgeleid kan worden. Na verloop van tijd kunnen de gemiddeld vijf porties per dag langzaam gereduceerd worden. De hoeveelheid per keer wordt dan groter. Een volwassen Engelse en Franse bulldog kunt u het beste tweemaal per dag te eten geven. Als het eten niet helemaal opgegeten wordt terwijl de hond verder een gezonde indruk maakt, geeft u te veel. Droge brokken kunt u later op de dag opnieuw verstrekken.
Diner of ander voedsel dat aan bederf onderhevig is, gooit u altijd weg. De kans dat zich er vervelende bacteriën in ophopen

die uw bulldog ziek kunnen maken, wordt met de minuut groter. Dit geldt vooral voor warme, zomerse dagen (salmonella). Het is gemakkelijk een bepaalde mok te gebruiken om de hoeveelheid voer in af te meten. Wordt uw bulldog iets te dik, dan kunt u een halve of kwart mok minder per dag geven. Vindt u de bulldog wat aan de slanke kant, dan geeft u een kwart tot een halve mok meer. Natuurlijk ziet u niet meteen resultaat als u op deze manier voert. U moet een bepaalde hoeveelheid per dag zeker een week aanhouden om te bezien of de bulldog inderdaad wat voller wordt of afvalt. Deze vorm van voeren heet 'op het oog voeren', en geniet de voorkeur boven voeren op schema. De ene bulldog is de andere niet. In sommige perioden zal uw hond meer voedsel nodig hebben dan normaal. De stofwisseling is ook niet bij alle honden gelijk. Twee volwassen bulldoggen van dezelfde leeftijd en geslacht bij dezelfde eigenaar hoeven niet dezelfde voedingsbehoefte te hebben.

Wanneer uw bulldog te dik is, zet hem dan niet ineens drastisch op dieet en andersom. Dit is niet goed voor de spijsvertering. Wanneer u zelf niet weet of uw hond te dik of te mager is, vraag dit dan aan een ervaren kynoloog of de dierenarts. In de regel is een te dikke hond een hond waarvan de ribben nauwelijks voelbaar zijn. Een te magere hond heeft ribben die zeer duidelijk zichtbaar zijn.

9. Rasstandaarden

De Engelse bulldog

Algemeen

Gladharige, forsgebouwde hond, tamelijk laag op de benen, breed, krachtig en gedrongen. Het hoofd is massief, tamelijk groot in verhouding tot de grootte van de hond, maar geen onderdeel mag zo overheersen dat het afbreuk doet aan de algemene symmetrie, de beweegkracht van de hond belemmert of de hond misvormd doet lijken. Het gezicht is kort, de snuit breed, stomp en opwaarts gebogen. Het korte, goedgevormde lichaam heeft forse, gespierde ledematen. De achterhand is hoog en sterk, maar enigszins licht in verhouding tot de zwaargebouwde voorhand. Teven mogen niet zo massief of zwaar ontwikkeld zijn als reuen. De hond moet een indruk geven van vastberadenheid, kracht en activiteit. Hij is waakzaam, ondernemend, trouw aan de baas, betrouwbaar en moedig. Ondanks zijn onbevreesde voorkomen is hij goedig van aard.

Hoofd

De schedel moet groot zijn in omtrek; de omtrek (gemeten rond de oren) is ongeveer gelijk aan de schouderhoogte van de hond. Van voren gezien moet het hoofd zeer hoog lijken van de hoek van de onderkaak tot het hoogste punt van de schedel. Het hoofd is ook zeer breed en vierkant. Goed ronde wangen die zijdelings voorbij de ogen uitsteken. Van opzij gezien moet het hoofd zeer hoog en kort zijn vanaf de achterzijde tot aan de punt van de neus. Het voorhoofd moet vlak zijn, en niet bol of naar beneden voor het gelaat uitsteken. Het vel op het voorhoofd en hoofd is zeer los en goed gerimpeld. De voorhoofdsbeenderen komen erg ver naar voren en zijn breed, vierkant en hoog, diep, wijd en met een inkeping tussen de ogen. Vanaf de stop moet een brede en diepe groef lopen tot het midden van de schedel en deze moet tot op de top van de schedel te volgen zijn. Het gezicht moet van voren gezien van jukbeen tot de neus kort zijn en een gerimpelde huid hebben. De korte snuit is breed, opwaarts gericht en zeer diep van de ooghoek tot de hoek van de mond. Neus en neusgaten moeten groot, breed en zwart zijn en onder geen voorwaarde leverkleurig, rood of bruin. De top ligt terug, vrijwel tussen de ogen. De afstand van de binnenhoek van het oog (of van het middelpunt van de stop tussen de ogen) tot de uiterste punt van de neus moet groter zijn dan de lengte van de punt van de neus tot de hoek van de onderlip. De neusgaten zijn groot en wijd, met daartussen een duidelijk zichtbare, rechte, verticale lijn. De bovenlippen moeten dik, breed en zeer diep zijn en neerhangen. Ze moeten aan de zijkanten (niet van voren) geheel over de onderkaak reiken, van voren tot de onderlip komen en de tanden gemakkelijk bedekken. De kaak moet breed, massief en vierkant zijn, waarbij de onderkaak duidelijk van voren uitsteekt en opwaarts is gericht. Vanaf de voorkant gezien moeten de verschillende proporties van het gezicht volkomen gelijk aan elkaar zijn als men een denkbeeldige lijn trekt van de top van de schedel naar de punt van de onderkaak.

Gebit

Brede, vierkante kaak met zes kleine snijtanden tussen de hoektanden, in een regelmatige rij. De hoektanden staan ver van elkaar. Deze tanden moeten groot, sterk en onzichtbaar zijn als de mond is gesloten. Vanaf de voorkant gezien moet de onderkaak direct onder de bovenkaak en parallel hieraan zijn.

Oren

Hoog aangezet: de voorste binnenrand van elk oor moet (van voren gezien) de buitenste lijn van de schedel bij de hoek van die omtreklijn ontmoeten, zodat ze ver uit elkaar liggen en zo hoog en zo ver van de ogen als mogelijk is. De oren zijn klein en dun.

Een 'rozeoor' is juist; dat wil zeggen dat het oor zich aan het achtergedeelte binnenwaarts vouwt, zodat een deel van het inwendige zichtbaar is.

Ogen

Van voren gezien moeten de ogen laag in de schedel liggen, zo ver mogelijk van de oren af. Ogen en stop moeten in een rechte lijn liggen, waarop de groef loodrecht staat. Ze moeten zo ver mogelijk van elkaar staan, maar de buitenste hoeken moeten wel binnen de buitenste lijnen van de wangen blijven. Rond van voren, matig groot. Ze mogen niet diep liggen of uitpuilen. Ze zijn zeer donker van kleur, bijna zwart, en mogen wit tonen als de hond recht vooruit kijkt.

Lichaam

De hals is van middelmatige lengte (eerder kort dan lang), zeer fors, diep en sterk, van achteren goed gebogen, met veel losse, dikke gerimpelde huid vanaf het strottehoofd, die aan weerszijden wammen vormt, vanaf de onderkaak tot aan de borst. De schouders zijn breed, schuin en laag, zeer sterk en gespierd, en geven de indruk alsof ze aan het lichaam zijn aangehecht.

De ronde borstkas moet ruim en zeer diep zijn van het hoogste punt van de schouders tot het laagste punt, waar de borst wordt gevormd. De borstkas hangt goed tussen de voorbenen in, is groot in omtrek en rond achter de voorbenen (mag dus geen vlakke zijden hebben; de ribben moeten goed gewelfd zijn). De rug moet kort, sterk, breed bij de schouders en betrekkelijk smal bij de lendenen zijn. Een lichte daling in de rug direct na de schouders (laagste punt), waarna de ruggegraat moet stijgen naar de lendenen (top moet hoger zijn dan de top van de schouders) en weer plotseling naar de staart afbuigt, een boog vormend, is een bijzonder kenmerk van het ras. De ribben lopen ver naar achteren door; de onderbelijning is met een opgetrokken buik, die niet mag hangen. Gewicht: reuen 25 kg, teven 22,7 kg.

Benen

De voorbenen zijn zeer stevig en sterk, goed ontwikkeld en ver uit elkaar geplaatst, fors gespierd en recht. Geen kromme benen of O-benen. De voorbenen zijn kort in verhouding tot de achterbenen, maar niet zo kort dat de rug er lang door lijkt of dat het de beweeglijkheid van de hond hindert en hem slecht ter been maakt. De ellebogen moeten laag zijn en goed vrij van de ribben staan. De middenvoeten zijn kort, recht en sterk.

De zware en gespierde achterbenen zijn in verhouding langer dan de voorbenen, zodat de lendenen hoger komen te staan. De hakken zijn enigszins gebogen en met een regelmatig verloop. De benen zijn lang en gespierd vanaf de lendenen tot aan de sprongen. De onderbenen moeten sterk, kort en recht zijn. De ronde kniegewrichten staan enigszins van het lichaam af. De spronggewrichten neigen daardoor naar elkaar en de achtervoeten draaien hierdoor naar buiten.

Voeten

Rechte voorvoeten, iets naar buiten gedraaid, van middelmatige grootte en vrijwel rond. Achtervoeten rond en compact. Aaneengesloten en stevige tenen, van elkaar gescheiden, waardoor de knokkels hoog worden en in het oog vallen.

Staart

De staart is laag aangezet, steekt nogal uit en buigt vervolgens neerwaarts. Rond, glad en zonder franje of ruwe haren. De staart moet matig van lengte zijn, eerder kort dan lang, dik bij de wortel en snel afnemend tot een dunne punt. Hij wordt benedenwaarts gedragen (geen bepaalde opwaartse krul aan het einde vertonend). De hond mag hem niet over de rug kunnen dragen.

Vacht

Fijn van samenstelling, kort, dicht en glad (het haar is hard omdat het kort en dicht is, maar niet ruw).

Kleur

Eenkleurig of eenkleurig met een zwart masker of een zwarte snuit. De kleur moet glanzend en zuiver zijn, gestroomd, rood met verschillende variëteiten, reekleurig, vaalbruin, enzovoort; wit en witgevlekt (een van de genoemde kleuren met wit). Leverkleurig, zwart en black-and-tan zijn zeer ongewenst.

Bijzonderheden

Gangwerk: dit is merkwaardig, zwaar en gedrongen, waardoor het lijkt of de hond met korte, snelle stappen op de punten van zijn tenen loopt en zijn achtervoeten nauwelijks opheft, maar daarmee over de grond lijkt te scheren; hij loopt met een van zijn schouders lichtelijk vooruit.
Fouten: iedere afwijking van het voorgaande moet als fout worden aangemerkt; de beoordeling van de ernst van de fout moet in verhouding staan tot de mate waarin de fout zich voordoet.
Opmerking: reuen moeten twee duidelijk normale testikels hebben, die geheel in het scrotum zijn ingedaald.

Binnenkort zal ook de Fawn-kleur bij de Franse bulldog erkend zijn

De Franse bulldog

Algemeen

Een kleine, krachtige hond van een kort gedrongen type, waarvan alle lichaamsdelen gedrongen zijn. Hij heeft kort haar, een korte stompe snuit, staande oren en een van nature korte staart. Hij moet het uiterlijk hebben van een bedrijvig en schrander dier, zeer gespierd, van gedrongen bouw, geschikt voor bewaking en als huishond.

Hoofd

Zeer krachtig, breed en vierkant. De huid die het hoofd bedekt, moet bijna symmetrische vouwen en rimpels vormen. De schedel is breed, bijna plat. Het voorhoofd is zeer bol. De wenkbrauwen springen naar voren en zijn gescheiden door een groef die tussen de ogen bijzonder ontwikkeld is. Deze groef mag niet over het voorhoofd doorlopen als bij de Engelse bulldog. Weinig ontwikkelde achterhoofdsknobbel. De stop is sterk geaccentueerd. De brede en zeer korte neus wipt. De goed open neusgaten staan van onder naar boven en van voor naar achter gericht. Op het korte, brede voorhoofd tekenen zich concentrische, symmetrische huidplooien af, die tot aan de bovenlip doorlopen. De lippen zijn dik, enigszins slap en zwart gekleurd. De bovenlip raakt de onderlip in het midden en bedekt de tanden volkomen. De tanden mogen nooit zichtbaar zijn. De tong mag nooit uitsteken. Van opzij gezien daalt de bovenlip in een gebogen lijn. De kaken moeten breed, vierkant en krachtig zijn. De hoek van de benedenkaak moet zo groot zijn, dat deze zich in een lange bocht voortzet, voorbij de bovenkaak eindigt en deze omsluit. De wangspieren zijn goed ontwikkeld, maar steken niet uit.

Gebit

De ondersnijtanden moeten voor de bovensnijtanden staan; de hond moet dus ondervoorbijten, waarbij de onderkaak om de bovenkaak sluit. Het gebit dient van goede kwaliteit te zijn.

Oren

Middelmatig groot, breed aan de basis en afgerond aan de top. Ze moeten hoog op het hoofd zijn geplaatst. Ze staan rechtop, maar niet te dicht bij elkaar. De opening is van voren gezien geheel zichtbaar.

Ogen

Levendig van uitdrukking en laag geplaatst. Ze staan vrij ver van de neus en vooral van de oren. Donker van kleur, tamelijk groot en goed rond. Ze puilen enigszins uit. Ze mogen geen zweem van wit vertonen als de hond iemand recht aankijkt. De randen van de oogleden moeten zwaar zijn.

Lichaam

De korte, licht gewelfde hals vertoont geen wammen. De voorborst is breed, open, tonvormig en diep. De ribben zijn tonvormig, rond en zeer gebogen. Brede en gespierde rug. De lendenen zijn kort, breed en stevig. De lijn langs de rug en lendenen verheft zich in toenemende mate naar de staart toe en daalt dan vrij snel naar de staart toe. Dit na te streven verloop van de toplijn is een gevolg van de korte lendenen. De buik en de flanken zijn opgetrokken, maar niet zo sterk als bij de whippet. Het kruis is hellend. De schouderhoogte is evenredig aan het gewicht van de hond in goede conditie. Het gewicht mag niet minder dan 8 kg en niet meer dan 14 kg zijn.

Benen

De schouder en opperarm zijn kort, dik, hard, gespierd en goed vrij. De schouder is bovendien kort en weinig beweeglijk; de hoek van de schouder is niet groot. De korte, rechte, gespierde onderarmen staan goed ver van elkaar. De voetwortels en middenvoeten zijn sterk en kort, goed van stand, zowel van opzij als van achteren gezien. De dij is gespierd, hard en niet te vlezig. De achterbenen zijn iets langer dan de voorbenen, waardoor de achterhand iets hoger is. De stand van de achterbenen is normaal, zowel van opzij als van achteren gezien. De sprong is tamelijk laag en vooral niet steil. De voetwortels zijn sterk en kort. (De Franse bulldog moet zonder hubertusklauwen zijn geboren.)

Voeten

Rond en klein. De achtervoeten zijn minder rond dan de voorvoeten. Zogenaamde kattevoeten. Ze zijn juist geplaatst en iets naar buiten gericht. De tenen sluiten goed aaneen, maar zijn vrij van elkaar, met de knokkels omhoog en grote nagels. De zolen zijn hard, dik en zwart.

Staart

Kort. Wordt laag, tegen de billen gedragen. Hij is dik bij de wortel, knobbelig of van nature gebroken en eindigt in een punt. Zelfs in beweging blijft de staart beneden de horizontale lijn.

Vacht

De vacht moet uit mooie, dichte, glanzende en zachte beharing bestaan.

Kleur

Gestroomd en wit met gestroomd. Gestroomd is een mengeling van zwart, met niet te donker rood haar. Tot deze kleur worden ook honden gerekend met een weinig wit op voorborst en hoofd. Een gestroomde hond met veel wit zal bij de keuring worden achtergesteld, omdat de vacht niet van de gewenste kleur is. Wit met gestroomd ('caille'), is een witte vacht met gestroomde vlekken. Geheel witte honden worden tot de wit met gestroomde exemplaren gerekend. Bij alle honden in deze categorie moeten de oogharen en het haar om de ogen zwart zijn.

Ook om de snuit mogen zij geen enkel gebrek aan pigment vertonen. De witte ondergrond van een wit met gestroomde hond moet vrij van vlekjes zijn.

Bijzonderheden

Gangen: correct en vrij

Gebreken: nauwe of smalle neus; slecht gebit; lichte ogen; wam; te vrolijk gedragen of te lange staart; gevlekte vacht; te lang haar; gebrek aan pigment bij de lippen.

Ernstige gebreken; zichtbare tanden; uitsteken van de tong; maaiende en afwijkende gang; vleeskleurige plekken op de snuit; te zwaar of te licht.

Diskwalificaties: ogen van verschillende kleur, glasogen; neus anders gekleurd dan zwart; hazelip; ondersnijtanden die achter de bovensnijtanden staan, ondersnijtanden die overdreven ver voor de bovensnijtanden staan zodat de onderhoektanden te zien zijn; niet geheel staande oren, verminkte oren; verminkte staart; hubertusklauwen aan de achtervoeten of sporen van weggenomen hubertusklauwen; zwarte, zwartbruine, koffiekleurige, muisgrijze of kastanjekleurige vacht; cryptorchisme of monorchisme.

NB Tot dusverre is de Fawn-kleur (beige met donker masker) bij de FCI-aangesloten landen geen erkende kleur geweest. Onlangs heeft de Franse rasvereniging officiële erkenning aangevraagd bij de FCI. Waarschijnlijk zal deze kleur binnenkort door de FCI officieel erkend worden waardoor dus ook Fawn-gekleurde Franse bulldoggen kunnen gaan deelnemen aan tentoonstellingen.

10. Tentoonstellingen

Kort gezegd worden op een hondententoonstelling honden van een bepaald ras door erkende keurmeesters getoetst aan de rasstandaard. Keurmeesters hebben een speciale opleiding gehad om de (ingewikkelde) rasstandaard te kunnen begrijpen en toe te passen bij het keuren van honden. Een tentoonstelling is dus een belangrijk, zo niet noodzakelijk evenement om het ras in stand te houden of te verbeteren. Honden die door de keurmeesters als beste vertegenwoordigers van het ras worden aangemerkt, worden in de regel veel gebruikt als dekreu of -teef. Hierdoor drukken zij een belangrijk stempel op de latere generaties bulldoggen. Het moge duidelijk zijn dat tentoon-

Leer uw puppy al vroeg op een tafel te showen. Deze Franse bulldoggen doen het voortreffelijk

stellingen vooral veel bezocht worden door fokkers die hun gefokte honden aan het oordeel van de keurmeester willen onderwerpen. Zij kunnen van de beoordeling van de keurmeester afleiden of zij op de goede weg zijn in de fokkerij.
Maar niet alleen fokkers bezoeken veelvuldig de Nederlandse of buitenlandse tentoonstellingen. Ook mensen die maar één of twee bulldoggen bezitten, worden vaak door deze vorm van competitie 'gegrepen'. Wanneer zij uit nieuwsgierigheid eens hun bulldog op een tentoonstelling uitbrengen en direct een goede beoordeling krijgen, of zelfs winnen in hun klasse, kan het tentoonstellingsvirus hen in zijn ban krijgen. Honden tentoonstellen kan verslavend zijn.

Waarom naar een hondententoonstelling?

De meeste mensen gaan naar een tentoonstelling omdat de fokker hierom vraagt, maar ook uit nieuwsgierigheid. Een hondenshow is natuurlijk de manier om erachter te komen of uw hond echt zo'n goede vertegenwoordiger van het ras is als u altijd al dacht. Bulldoggen zijn nog steeds geen dagelijks straatbeeld, dus er kan weinig vergeleken worden. Op een hondenshow, of nog beter, een clubmatch van de rasvereniging, ziet u vele bulldoggen bij elkaar. U kunt hierdoor een beter inzicht krijgen in het ras. Hoe dan ook, een tentoonstelling is een ervaring op zich, die iedere bulldogbezitter eens zou moeten meemaken. Informeer voordat u zich inschrijft voor een tentoonstelling eerst bij de fokker van uw bulldog of uw hond geschikt is voor tentoonstellingen. Wanneer de fokker u afraadt naar een tentoonstelling te gaan, kunt u uiteraard toch gaan, maar dan bent u erop voorbereid dat uw hond waarschijnlijk niet in de prijzen zal vallen.

Hoe vindt uw bulldog de tentoonstelling?

Er zijn mensen die tentoonstellingen een kwelling voor de hond vinden, die het tegennatuurlijk vinden dat de hond een hele dag in de bench moet doorbrengen met alle bijbehorende spanningen. Natuurlijk kan het zijn dat uw hond zo'n hele lange tentoonstellingsdag met alle drukte en rumoer totaal niet op prijs stelt. Hier kunt u alleen maar achterkomen als u een keer gaat.

Een tentoonstelling is een schoonheidswedstrijd. Een hond kan niet liegen en als hij zich niet prettig voelt in de ring zal hij dat duidelijk aan u en de omstanders laten merken door in elkaar gezakt te gaan staan, of angstig weg te duiken achter het baasje. Honden die zichzelf niet goed presenteren in de ring, komen bij de meeste keurmeesters niet erg ver in de beoordeling. Voor een goede beoordeling moet de hond zich op zijn best presenteren. Keurmeesters zien het liefst bulldoggen die

De juiste tentoonstellingshouding voor de Engelse bulldog

zelfbewustzijn uitstralen en geïnteresseerd zijn in wat er om hen heen gebeurt. Aangezien er nog steeds volop honden in de prijzen vallen, zijn er kennelijk voldoende honden die evenzeer genieten van een tentoonstellingsdag als hun baasjes. Wanneer u u niet op uw gemak voelt in de ring, gedraagt ook uw hond zich nerveus. Als u weet dat het angstzweet u waarschijnlijk zal uitbreken als alle ogen op u en uw hond gericht zijn, laat dan uw hond door iemand anders in de ring uitbrengen. Dit moet wel iemand zijn die uw hond goed kent, anders zou uw bulldog in de ring wel eens kunnen gaan protesteren.

Ringtraining

Op shows gelden bepaalde regels. Ieder ras moet op een bepaalde manier geshowd worden, in een bepaalde houding die typerend is voor het ras. Als alle honden in dezelfde houding in de ring staan, vergemakkelijkt dit de taak van de keurmeester. Zorg ervoor dat u, voordat u met uw hond naar een show gaat, weet hoe u uw hond op een show moet uitbrengen. Tevens moet u uw hond enige ringtraining bijbrengen. Een keurmeester wil de bek van uw bulldog openen om het gebit te bekijken. Honden bij wie dit nooit is geoefend, kunnen nogal tegenstribbelen. Om dit te voorkomen kunt u zelf thuis regelmatig het gebit bekijken. Wanneer de jonge hond hieraan gewend is, kunt u ook aan anderen vragen dit bij de hond te doen, aangezien de keurmeester ook een vreemde is voor onze bulldog. Franse en Engelse bulldoggen worden op verschillende manieren voorgebracht. Op de meeste tentoonstellingen vindt de keuring van uw Franse bulldog gedeeltelijk op een tafel plaats. Oefen dit thuis op een tafel met een stroef bovenblad. Vergeet de hond niet uitgebreid te belonen als hij het goed doet. Een Franse bulldog dient attent te staan, met gespitste oren, alsof

Wanneer u een tentoonstelling wint, kan dat verslavende consequenties hebben

hij iets interessants in de verte ziet. U kunt deze houding bereiken door niet alleen naar een show te gaan, maar iemand mee te nemen die de hond erg goed kent en met wie hij goed kan opschieten. Als de 'secondant' buiten de ring in het zicht blijft, hebt u kans dat uw bulletje attent naar de buitenkant van de ring blijft kijken. Het is op tentoonstellingen niet toegestaan de hond vanaf de kant te roepen of andere hulpgrepen toe te passen om de aandacht van de hond te trekken. Dit heet 'double handling' en kan diskwalifikatie tot gevolg hebben! Engelse bulldoggen komen in de regel niet op tafels terecht. Zij worden gewoon op de grond geshowd. U hurkt misschien naast uw bulldog om hem in een betere stand te kunnen zetten en het zware hoofd wat te ondersteunen. Hierdoor komt de hond in de juiste stand te staan.

U zult begrijpen dat uw bulldog een grenzeloos vertrouwen in u moet hebben om zich dit alles te laten welgevallen. Oefen

Een tentoonstelling met Franse bulldogjes

daarom veel thuis voordat u naar een show toe gaat. Probeer of u eens een voetje kunt verzetten of het hoofd wat verder kunt optillen zonder dat uw bulldog tegenstribbelt. Voor zowel Franse als Engelse bulldoggen geldt dat zij ook een of meer rondjes moeten lopen, zodat de keurmeester het gangwerk kan beoordelen. Uw bulldog mag hierbij niet aan de lijn trekken en ook niet tegenstribbelen, maar moet gewoon, met een doorhangende lijn, links van u in zijn eigen tempo met u mee draven.

Wanneer u, nadat u dit gelezen hebt, denkt dat u dit nooit op eigen houtje met uw hond kunt oefenen, neem dan contact op met een kynologenvereniging in de buurt. Bij deze verenigingen worden vaak ringtrainingen gegeven, zodat u onder leiding van een ervaren exposant samen met anderen uw hond leert showen.

Benodigdheden

Op de tentoonstellingdag dient u ruim voor aanvang aanwezig te zijn. Een tentoonstelling duurt een hele dag en een paar door uzelf meegebrachte klapstoeltjes geven u in ieder geval een zitplaats. Neem altijd een jerrycan met water mee en een waterbak, zodat uw bulldog kan drinken. In de meeste gevallen is het de bedoeling dat uw bulldog de dag doorbrengt in een bench, een soort hondenkennel met een houten vloer. Vergeet niet een kleedje of kussen mee te nemen zodat hij zacht kan liggen. Bij warm weer neemt u altijd een plantespuit mee, waarmee u de hond kunt afkoelen. Dit geldt ook voor de autorit naar de tentoonstelling toe, vooral als dat een lange rit is en het warm is of wordt. Vergeet evenmin een glanshandschoen, ooglotion of uitgekookt water en tissues mee te nemen. U kunt uw bulldog hiermee nog wat fatsoeneren voordat hij de ring in mag. Het verdient aanbeveling een veiligheidsspeld mee te nemen, waarmee u uw kaart met ringnummer, die u zichtbaar in de ring moet dragen, op uw kleren kunt bevestigen.
Wat u verder meeneemt naar een tentoonstelling hangt van uzelf af. U moet vaak al om half negen aanwezig zijn en u kunt 's middags tegen vijf uur vertrekken. Misschien is het raadzaam een thermoskan koffie mee te nemen en iets te eten voor uzelf. Overigens zijn er op dergelijke evenementen voldoende gelegenheden om de inwendige mens te versterken.
Vergeet in ieder geval uw inschrijfkaart niet, die u door de organisatie van de tentoonstelling is toegestuurd. Zonder kaart kunt u niet naar binnen.

Veterinaire keuring

Bij de ingang moet u zich bij de andere hondengeleiders aansluiten, om de hond veterinair te laten keuren. Loopse teven wordt de toegang geweigerd, de geur zou te veel stagnatie onder de reuen teweeg kunnen brengen. Gecastreerde reuen, monorchistische of cryptorchistische (resp. één of geen enkele zaadbal) reuen wordt eveneens de toegang ontzegd. De reden hiervoor is dat zij niet (meer) kunnen bijdragen aan de instandhouding of de verbetering van het ras en niet aan de rasstandaard voldoen. Het heeft dan ook geen zin zulke reuen uit te brengen, want ze worden in de ring gediskwalificeerd. Dieren die er ziek uitzien of zelfs ziek zijn, worden evenmin tot de tentoonstelling toegelaten. Ze zouden andere honden kunnen aansteken. Uiteraard moet de hond ingeënt zijn.

In de ring

Als uw bulldog zich door de keuring heeft heen geslagen, zal een medewerker uw bewijs van inschrijving afstempelen. Op de bench hangt een grote kaart waar eveneens uw nummer opstaat. Deze kaart moet u straks opspelden als u de ring in gaat. Als u zich geïnstalleerd hebt rond de bench kunt u aan de hand van de catalogus uitzoeken in welke ring u straks moet verschijnen. Voor uw gemoedsrust is het goed de ring alvast op te zoeken, zodat u dat niet meer op het allerlaatste moment hoeft te doen. U kunt in het boekje ook de volgorde zien van het keuren. U wordt niet geroepen of opgehaald bij uw bench, u moet aanwezig zijn bij de ring als het keuren van uw groep begint. Zorg dat uw hond zich buiten heeft kunnen ontlasten, ruim voordat hij de ring in moet. U zult de eerste niet zijn die zich gegeneerd voelt omdat zijn hond nou juist het 'moment suprême' heeft uitgekozen om een drol te draaien, of een plas doet tegen de keurig geschikte bloemstukken die hier en daar geplaatst zijn.

In iedere ring staat een tafel waaraan de assistenten van de keurmeester zitten. Hier moet u, voordat u met uw bulldog de

ring in gaat, uw bewijs van inschrijving afgeven. Hierop komen later de beoordeling en de eventuele plaatsing te staan die uw hond heeft behaald. U kunt hem na de keuring weer afhalen. U komt in de volgorde van de nummers binnen en gaat vervolgens op aanwijzing van de ringmeester (de assistent van de keurmeester) in de rij staan. De keurmeester werpt nu zijn eerste blik op de honden. De ringmeester zal daarna aangeven dat u en uw mede-exposanten keurig achter elkaar aan tegen de klok in moeten rondlopen. Zorg ervoor dat de hond altijd aan de binnenkant van de ring loopt, zodat de keurmeester de hond kan zien. Wanneer alle honden tegelijkertijd ronddraven, krijgt de keurmeester een algemene indruk van de honden, hij ziet hoe zij er uitzien en zich bewegen ten opzichte van elkaar.
Na een of meerdere ronden geeft de ringmeester het sein te stoppen en daarna worden alle honden een voor een gekeurd.

Nergens ziet u zoveel bulldoggen bij elkaar als op een clubmatch van de rasvereniging

Bij Franse bulldoggen wordt u verzocht de hond op een tafel te zetten. De keurmeester wil het gebit bekijken en de bespiering voelen. Zorg ervoor dat uw bulletje te allen tijde attent stil blijft staan, uiteraard in zijn mooiste houding. Engelse bulldoggen worden net zo gekeurd als Franse, alleen niet op een tafel. Plaatst u de hond altijd zo, dat de keurmeester vanuit zijn gezichtspunt de zijkant van uw hond ziet. Zo kan hij uw hond het beste beoordelen. Vaak wordt er gevraagd of u in een rechte lijn van de keurmeester af en vice versa het gangwerk van de bulldog wilt tonen. Let goed op alle aanwijzingen die u worden gegeven. Honden die gekeurd zijn, sluiten weer achteraan in de rij aan. Als alle honden apart gekeurd zijn, is de beoordeling ten einde.
Dan gaat het om de plaatsing, een belangrijk onderdeel. Soms kan een keurmeester nog twijfelen over welke hond hij laat winnen. Zorg er dus voor dat uw hond zich keurig gedraagt en zich van zijn beste kant laat zien. Soms wordt er van u en uw mede-exposanten verwacht dat u nogmaals het gangwerk van de bulldog toont en weer op volgorde in de rij gaat staan, maar daarna is de plaatsing een feit.
De ringmeester zet de bordjes voor de eerste, tweede, derde en vierde plaats neer. Als er meer dan vier honden in de ring zijn, laat de keurmeester de honden die niet geplaatst zijn alvast uit de ring gaan.
Wanneer u eerste of tweede bent geworden, krijgt u waarschijnlijk van de keurmeester of ringmeester te horen of u later nog eens in de ring moet verschijnen voor de toekenning 'beste van het ras'. Als uw hond buiten de prijzen valt, is dat geen schande. U ging naar een tentoonstelling voor uw plezier en om wat op te steken van de waarde van uw hond voor het ras. De waarde die uw hond heeft voor u en het gezin is niet te meten. En die waarde wordt niet geringer als uw hond geen schoonheidskampioen blijkt te zijn. Voor u blijft uw hond

toch de allermooiste, liefste en leukste van alle getoonde honden, en dat is waar het voor u uiteindelijk allemaal om draait.

Tentoonstellingsbegrippen

Op de tentoonstelling hanteert men vier soorten beoordelingen.

De beoordeling 'U' (Uitmuntend)

De hond komt het ideaalbeeld zeer nabij. Het is de hoogst haalbare beoordeling. Uitmuntend wordt in de regel niet gegeven aan honden die nog niet volwassen zijn.

De beoordeling 'ZG' (Zeer Goed)

De hond komt het ideaalbeeld nabij, maar is niet vrij van onvolmaaktheden. Uw hond is een zeer goede vertegenwoordiger van zijn ras.

De beoordeling 'G' (Goed)

Uw hond voldoet qua bouw en type, maar door onvolmaaktheden komt hij niet voor een hogere kwalificatie in aanmerking.

De beoordeling 'M' (Matig)

Uw hond voldoet aan de eisen. Erg hoopgevend is deze kwalificatie niet.

U hoeft overigens niet meteen gedesillusioneerd te zijn als de uitslag Matig of Goed is. Misschien heeft uw bulldog zich niet van zijn beste kant laten zien of heeft de keurmeester net op de verkeerde momenten naar uw bull gekeken. Als de uitslag bij een andere tentoonstelling, onder betere omstandigheden ook

Matig of Goed blijft, is uw hond niet geschikt voor tentoonstellingen, wat geen afbreuk doet aan zijn onschatbare waarde voor u en het gezin.

Klassenindeling

Op een tentoonstelling zijn er verschillende klassen onderscheiden. Honden die net 9 maanden oud zijn, kunnen zich natuurlijk nooit meten met volwassen honden die al volledig uitgegroeid zijn. Uiteindelijk zullen de beste uit alle klassen wel tegen elkaar strijden voor 'Beste van het Ras', de klassenindeling is er dus om een eerlijke voorselectie te maken van de beste honden.
Op een nationale (C.A.C.) of internationale (C.A.C.I.B.) show kan uw hond vanaf een leeftijd van 9 maanden in de ring verschijnen. Hij valt dan in de jeugdklasse. U bent verplicht uw hond in te schrijven in de jeugdklasse tot hij 15 maanden is. In de periode van 15 tot en met 18 maanden is het aan u uw hond in te schrijven in de jeugdklasse of in de open klasse, de klasse voor volwassen honden. De open klasse is verplicht vanaf een leeftijd van 18 maanden.
U kunt uw hond ook inschrijven voor een clubmatch of een kampioenschapsclubmatch van uw rasvereniging. Meestal gaat het er op deze clubmatches wat gemoedelijker aan toe. Er zijn geen honden van andere rassen aanwezig, zoals op een (inter)nationale tentoonstelling. Voor een clubmatch kunnen ook pups worden ingeschreven, vanaf 6 maanden. Tevens is er plaats ingeruimd voor veteranen, honden vanaf 7 jaar. Voor deze twee klassen geldt dat zij geen beoordelingen kunnen behalen die leiden tot het kampioenschap. Honden in deze klassen worden wel geplaatst en zij ontvangen een keurmeesterverslag.

Wanneer u uw hond wilt inschrijven voor een tentoonstelling, kunt u het beste het maandblad *Onze Hond* kopen. Hierin vindt u data en plaatsen van tentoonstellingen. Vaak staat in dit blad het inschrijfformulier al voorgedrukt, zodat u dat kunt invullen en opsturen. Wanneer u eerst naar een clubmatch wilt gaan, kunt u contact opnemen met de rasvereniging, die u met plezier een inschrijfformulier toestuurt.
Wanneer u geïnteresseerd bent in de details van het kampioenschap, kunt u zich wenden tot de Raad van Beheer op Kynologisch Gebied te Amsterdam. Deze instelling kan u tegen betaling het Kynologisch Reglement bezorgen. Dit Kynologisch Reglement bevat waardevolle informatie voor iedere exposant en/of fokker van rashonden.

11. Fokken

In feite is het af te raden om een nestje Franse of Engelse bulldoggen te fokken. Het is een zeer kostbare, tijdrovende en zeker ook riskante bezigheid, die u beter kunt overlaten aan gevorderde bulldoggenliefhebbers.
Bulldoggen worden in de regel met de keizersnede geboren. Een gespecialiseerde dierenarts brengt deze ingreep vaak tot een goed einde, maar toch sterven er helaas ieder jaar weer aanstaande bulldoggenmoeders aan een hartstilstand tijdens de narcose.
Wanneer u een nestje wilt fokken, doet u dat dan niet omdat het zo leuk is voor de kinderen, want voor hen wordt het misschien zelfs wel een traumatische ervaring. Doe het ook niet voor de bulldog zelf: ze zal er echt geen beter karakter door krijgen of volwassener worden, zoals zoveel mensen denken. En fok zeker geen nestje voor het gewin; u moet nog maar afwachten of u de kosten kunt dragen die de dekking, eventuele hulp, de keizersnede en het grootbrengen van de puppy's met zich mee brengen. Neemt contact op met de rasvereniging:

- als u denkt dat u, ook wanneer de moederhond totaal geen aandacht aan haar puppy's schenkt of geen melk geeft, zichzelf en het gezin totaal kunt wegcijferen om een nestje bulldoggen groot te brengen (dus ook 's nachts);
- als u denkt de zeer hoge kosten te kunnen dragen die een dekking, keizersnede en de opfok van een nest bulldoggen met zich mee brengen;
- als u denkt dat u voldoende en geschikte ruimte hebt om het nest groot te laten worden;
- als u denkt dat u vele verjaardagen, visites en andere activiteiten af kunt zeggen om bij de jonge hondjes te zijn;

- als u denkt dat u het eventuele sterven van de moederhond kunt dragen (het blijft een risico);
- als u denkt dat u een nestje wilt fokken omdat uw teef een waarlijk goede bijdrage kan leveren aan het ras in zijn geheel.

De rasvereniging kan u wegwijs maken, maar wees erop voorbereid dat ook de rasvereniging u het fokken van een nest zal afraden.

Om u toch wat meer inzicht te geven in het fokken, gaan we kort in op de dekking, draagtijd en het opvoeden van de puppy's. We gaan uit van een 'standaard'-situatie, voor zover hier sprake van kan zijn. Dit boek leent zich er niet voor de problemen die zich bij de teef, reu of de pups kunnen voordoen, volledig te bespreken. Informatie daarover kunt u verkrijgen bij de rasvereniging, ervaren fokkers en gespecialiseerde literatuur.

Voorbereidingen voor de dekking

De loopsheid kunt u in de regel tweemaal per jaar verwachten. Deze periode duurt ongeveer drie weken en de teef is gemiddeld zo rond de elfde dag het ontvankelijkst voor de reu, maar dit kan nogal eens afwijken. Het is daarom aan te bevelen een bloedtest te laten afnemen bij de dierenarts, om het juiste dektijdstip te bepalen. Ruim voordat u de loopsheid verwacht, laat u ook een uitstrijkje maken, zodat eventuele bacteriën op tijd geëlimineerd kunnen worden. Zorg ervoor dat de moederhond ontwormd is met een goed ontwormingsmiddel, ongeveer vier weken voor de te verwachten loopsheid. De teef hoort overigens in een uitstekende conditie te zijn, niet te mager, maar zeker ook niet te dik.

U laat de teef pas dekken als zij volledig is uitgegroeid en geestelijk volwassen genoeg is om de periode van de zwangerschap en de opvoeding van de puppy's aan te kunnen. Deze leeftijd ligt zo rond het tweede levensjaar. Wanneer de teef ouder is dan vijf jaar kan zij een verminderde kans op bevruchting hebben. Laat nooit een (te) oude teef dekken, zeker niet als het haar eerste keer is. Om zekerheid te krijgen of uw teef in goede conditie verkeert, kunt u haar laten onderzoeken door de dierenarts.
De loopsheid wordt voorafgegaan door het opzetten van de vulva. Sommige teven vloeien in het geheel niet tijdens de loopsheid en dan is een geoefend oog nodig om de loopsheid vast te stellen.
In de regel zult u op de juiste dag afreizen naar de reu, waarvan u de eigenaar al geruime tijd daarvoor van uw komst op de hoogte hebt gesteld. De dekreu-eigenaar is uiteraard zeer voorzichtig met de keuze van een partner voor zijn (in de meeste gevallen kampioen-) reu. Als hij deze reu een inferieure teef laat dekken, zijn de puppy's die daaruit voortkomen geen goede reclame voor zijn reu. Kijk er daarom niet vreemd van op als de dekreu-eigenaar van uw teef verwacht dat zij uit een goede lijn stamt en van een goede kwaliteit is. Het is voor u aan te bevelen een reu te bezoeken die al vaker gedekt heeft, en waarvan de eigenaren over voldoende ervaring beschikken om de dekking tot een goed einde te brengen. Een onervaren dekreu die een onervaren teef moet dekken, 'geassisteerd' door onervaren baasjes, veroorzaakt wel een hilarische gebeurtenis, maar geen geslaagde dekking.
In sommige gevallen moet u bij de eigenaar van de reu een formulier ondertekenen waarop staat dat u wel of geen recht hebt op een herdekking wanneer uw teef niet mocht opnemen. De dek- en geboorteaangiftekaart moet worden ondertekend door de dekreu-eigenaar. Deze kaart moet u binnen zeven dagen na

de geboorte van de pups aangetekend opsturen naar de Raad van Beheer.
Soms zal het noodzakelijk zijn nog een keer naar de reu af te reizen als de dekking volbracht is. In de regel gebeurt dit binnen 48 uur na de eerste dekking.
Uiteraard past de dekreu qua type en voorouders bij uw teef. Een reu uit een heel andere lijn en van een ander type dan uw teef geeft, hoe mooi uw teef en de reu afzonderlijk ook zijn, weinig kans op even typische pups. Om erachter te komen of uw teef een goede combinatie met de reu zal vormen (want daar gaat het om) moet u vaker tentoonstellingen bezoeken, stambomen vergelijken en praten met mensen die meer weten van de voorouders van uw teef en die van de dekreu.

De draagtijd

De draagtijd duurt ongeveer 63 dagen. Tussen de 23ste en 28ste dag kunt u met de teef naar een gespecialiseerde dierenarts gaan die kan voelen of met een echo waarnemen of uw teef inderdaad drachtig is. Op een vroeger tijdstip zijn de vruchtjes nauwelijks voelbaar, terwijl een aantal dagen erna de vruchtjes al wat ingekapseld kunnen zijn, zodat zij moeilijker afzonderlijk te voelen zijn en het lokaliseren door de echoapparatuur ook gehinderd wordt. Wanneer uw dierenarts u weinig kan vertellen over het wel of niet drachtig zijn van de teef, laat u dan niet verleiden tot het maken van een röntgenfoto. De straling kan de jonge embryo's alleen maar schaden. U kunt beter nog wat geduld oefenen.
De eerste weken merkt u misschien weinig verandering bij uw teef. Het is overigens wel een hoopvol teken als de vulva niet meteen na de dekking weer de normale grootte aanneemt. Rond de vijfde week zult u misschien de eerste veranderingen

gaan merken. De teef zal misschien wat voller worden en haar melkklieren kunnen al wat gaan opzetten. Als u in deze periode een groenachtige slijmerige uitvloeiing ziet, neemt u contact op met de dierenarts. Een dergelijke uitvloeiing kan wijzen op een ontsteking.
Aan haar dieet hoeft de eerste vijf weken geen extra aandacht te worden geschonken, al zijn er fokkers die menen dat een vers-vleesdieet in deze periode een positieve invloed kan hebben op het verloop van de zwangerschap.
Vanaf de vijfde week van de zwangerschap gaat u de teef vaker per dag voeren. De hoeveelheid die zij altijd gewend was te eten, kunt u langzaam verdubbelen. Ze heeft het nodig, want in deze periode groeien de puppy's in de baarmoeder razendsnel. Om de melkproduktie wat te stimuleren, kunt u haar zo nu en dan een (wat aangekookt) eitje voorzetten of wat melk laten drinken. Zorg ervoor dat zij in de laatste drie weken van de zwangerschap (maar liever al wat eerder) wat ontzien wordt. Dit houdt in dat zij niet (meer) mag springen en liever ook niet al te enthousiast spelen of rennen. De meeste teven worden in deze periode uit zichzelf al wat rustiger.
Als u meer honden hebt, kan uw teef dominanter worden. Houd de honden goed in de gaten, aangezien een vechtpartij of een andere emotionele, inspannende gebeurtenis grote kans geeft op schade aan de ongeboren vruchtjes. Het dominante gedrag is alleen maar natuurlijk: in een wolvenroedel moet de aanstaande moeder ook ruimte maken voor haar nest, en daar heeft zij geen (dominante) pottenkijkers bij nodig.

Natuurlijk bevallen of een keizersnede?

Op de 63e dag van de draagtijd zult u in de regel naar de dierenarts gaan voor een keizersnede. De oorzaak van de bij de

Engelse en Franse bulldog meestal noodzakelijke keizersnede hangt samen met de bouw van de hond. De bulldog moet een massief en groot hoofd hebben, terwijl de achterhand lichter van bouw hoort te zijn. De bekkenbeenderen van de moederhond zijn in de meeste gevallen te nauw om het al flinke hoofd van de puppy's door te laten. Als het al lukt, is het millimeterwerk. Als de teef die natuurlijk bevalt, probeert een puppy de geboortegang in te persen, kan de pup doodgedrukt worden tegen de bekkenbeenderen, die van geen wijken weten. U zult misschien toch willen proberen of uw teef zelfstandig kan bevallen, maar dit wordt door velen afgeraden. Een teef die al een dag heeft liggen persen, is lichamelijk en geestelijk uitgeput. De kans op een goede afloop van de keizersnede wordt met een dodelijk vermoeide hond alleen maar kleiner. Desalniettemin zou het een grote vooruitgang betekenen als de Franse en

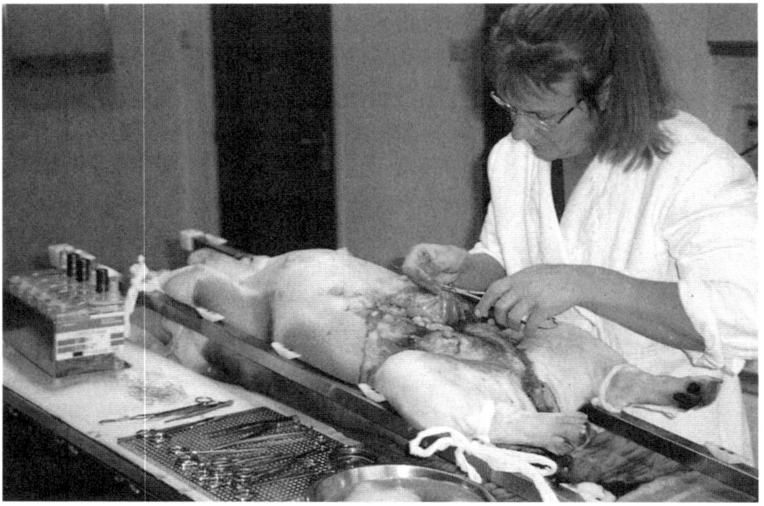

De dierenarts maakt een opening in de buik om de baarmoederhoornen bloot te kunnen leggen

Engelse bulldogmoeders over een aantal jaren allemaal zelfstandig zouden kunnen bevallen. Komt uw teef uit een lijn waarvan bekend is dat er geen keizersneden nodig zijn geweest om de puppy's te halen? Misschien is het dan raadzaam de fokker van uw teef of een andere deskundige in te schakelen die u wil bijstaan bij de bevalling en eventuele complicaties tijdig kan signaleren. Bij een natuurlijke geboorte kan het nog wel eens voorkomen dat de eerste puppy's zonder problemen op de wereld worden gezet, waarna er een pup volgt die verkeerd ligt of toch een te groot hoofd heeft. Dan is een keizersnede alsnog noodzakelijk.
Zorg ervoor dat u een dierenarts hebt die al vaker keizersneden bij bulldoggen heeft uitgevoerd en breng hem een aantal weken voor de bevalling op de hoogte.

De voortekenen

Misschien is uw teef op de dag dat zij uitgeteld is, onrustiger dan normaal of begint ze dagen daarvoor al met de bouw van een 'nest'. Dit nest creëert de teef door in haar werpkist te gaan krabben en kranten of stof stuk te trekken. Houd haar zeker in deze periode goed in de gaten, want uw teef zal niet de eerste zijn die het presteert een compleet bankstel uit elkaar te krabben en te plukken. Er zijn ook voorbeelden bekend van teven waarbij de voortekenen die bij het werpen horen volledig achterwege bleven. Een redelijk betrouwbare methode om te voorspellen wanneer de teef gaat bevallen, is het temperaturen. Ongeveer 24 uur voordat de teef begint met bevallen, daalt de lichaamstemperatuur met minimaal 1 graad. Begin daarom al te temperaturen op de 55ste dag van de zwangerschap, zodat u een idee hebt van het verloop van de lichaamstemperatuur van uw teef.
Uiteraard hebt u gezorgd voor een werpkist. Deze hoort van een stevig materiaal te zijn, bijvoorbeeld hardhout, dat gemak-

kelijk te ontsmetten is. De werpkist moet zo groot zijn dat de teef er zeer ruim in kan liggen. Als bodembedekking kunt u oude kranten gebruiken, maar ribbeltjeskarton verdient de voorkeur. Op dit karton hebben de pups meer houvast als zij naar de tepels willen kruipen. Dit karton is op slechts weinig plaatsen te koop, dus kunt u dat het beste al ruim voordat u het nest verwacht, kopen of bestellen. De werpkist wordt geplaatst in een rustige ruimte, waar niet iedereen dagelijks hoeft te zijn. Het moet er uiteraard tochtvrij zijn, niet te koud en niet te warm.

De keizersnede

Op de dag waarop uw teef uitgeteld is, gaat u in de regel met uw teef naar de dierenarts. Het is niet uitgesloten dat die u vraagt te assisteren bij de keizersnede. De dierenarts maakt een snede in de buik, waarna de beide baarmoederhoornen wor-

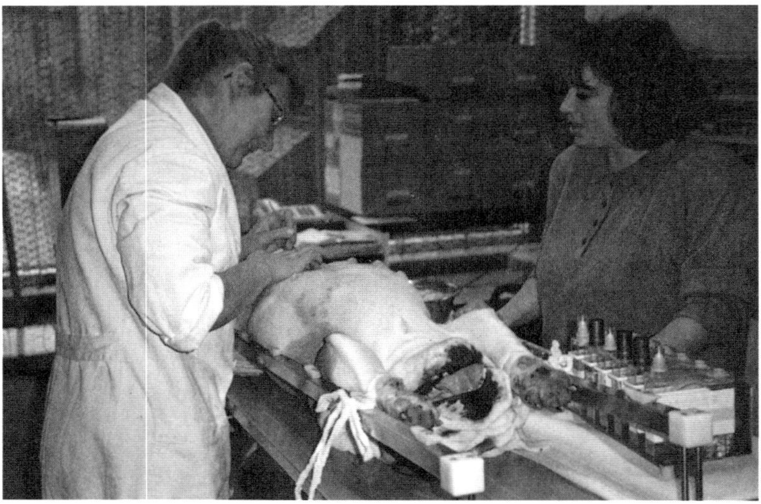

Een keizersnede gebeurt onder narcose en kan een riskante ingreep zijn

den blootgelegd. Hier worden de pups een voor een, inclusief de nageboorten, uitgehaald. Daarna moeten u en een eventuele assistente de pups droogwrijven, terwijl de dierenarts de baarmoederhoornen en de buik weer dichtmaakt.
Voor het transport van de pups neemt u een doosje mee dat niet te groot is, zodat er weinig warmteverlies kan ontstaan als het buiten wat kouder is.
Thuis moet alles al in gereedheid gebracht zijn. U kunt het beste met z'n tweeën naar de kliniek gaan, aangezien het voor één persoon bijna niet te doen is een versufte moederhond en haar pups veilig, warm en snel weer thuis te brengen.
Behandel de moederhond voorzichtig en houd haar temperatuur thuis in de gaten. Een te hoge temperatuur kan wijzen op een ontsteking of koorts, een te lage temperatuur op shocktoestand. Breng in beide gevallen onmiddelijk uw dierenarts op de hoogte, ook al is het middenin de nacht.
De moederhond zet u in de eerste dagen na de keizersnede een licht verteerbaar dieet voor, dat kan bestaan uit licht aangekookte eieren, melk (als zij dit goed verdraagt), kippevlees en rijst. Geef haar liever wat vaker meerdere porties dan ineens een volle bak. Er heeft veel druk op de organen gestaan tijdens de zwangerschap, dus stop haar niet vol met vet en zwaar voedsel. Een teef die zelf haar puppy's zoogt, heeft iedere week meer voedsel nodig, soms zelfs driemaal zoveel als wat zij normaal gewend was te eten. De teef hoort ook voldoende vers water binnen haar bereik te hebben.
Of de pups op een natuurlijke manier geboren zijn of met de keizernede, zij dienen goed nagekeken te worden op afwijkingen. Deze afwijkingen kunnen onder andere een hazelip zijn, of een gespleten of open verhemelte. Wanneer u twijfelt, vraagt u of de dierenarts of een ervaren fokker bij u de pups kan komen controleren. Het is beter dat dergelijke afwijkingen zo vroeg mogelijk geconstateerd worden. Meestal worden

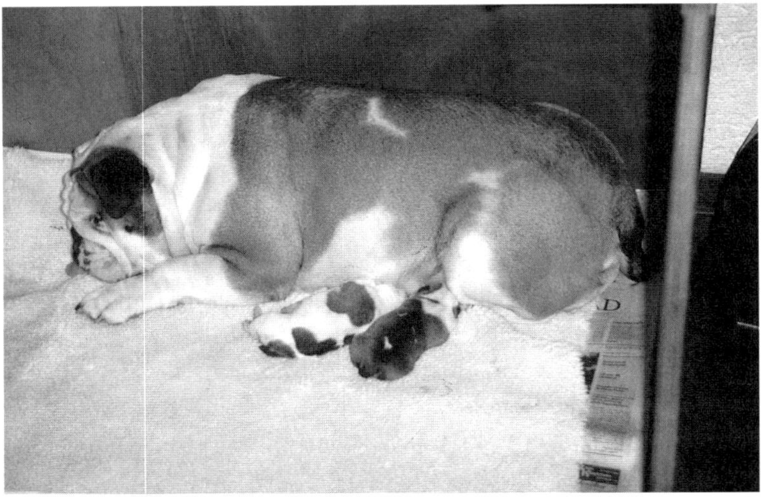

De teef is nog suf na de operatie

zulke puppy's uit het nest verwijderd en dit wordt voor u steeds moeilijker als zij al wat ouder zijn.
Hopelijk hebt u een teef die zich het lot van haar kinderen aantrekt en voldoende melk geeft. Blijft u er toch maar bij de eerste dagen, omdat vooral de Engelse bulldog nog wel eens per ongeluk op een puppy kan gaan liggen, waardoor die doodgedrukt wordt. De dekkaart die de eigenaar van de dekreu en u hebben ingevuld, dient u binnen 7 dagen naar de Raad van Beheer op te sturen, anders vervallen uw rechten op een stamboom.

Flesvoeding

Als de moederhond geen of te weinig melk heeft, kunt u zelf gaan bijvoeden. Gebruik hiervoor alleen eersteklas puppy-

melk, waarvan u zeker de uiterste houdbaarheidsdatum moet controleren. Wat voor speentje u gebruikt, hangt af van de puppy's. Het kan een speciaal puppyspeentje zijn, maar sommige pups reageren beter op een speentje voor mensenbaby's. In ieder geval hoort de opening van de speen niet te groot te zijn. De puppy moet zelf de melk er uitzuigen. Wanneer u dit forceert door in de speen te knijpen, kan de jonge pup zich verslikken zodat er melk in neus en longen komt. Dit kan ook gebeuren als de opening in de speen te groot is. Na het flessen wast u de gezichtjes voorzichtig af en masseert u de blote buikjes met een prop lauwwarme vochtige tissues of watten. Hierdoor wordt de ontlasting bevorderd. Houd alles zo steriel mogelijk en kook flesjes en speentjes zorgvuldig uit.
In de eerste week moet u iedere 2 uur de puppy's op deze manier voeden, dus ook 's nachts. In de tweede levensweek kunt u deze tussenpozen verlengen naar 3 uur. 's Nachts kunt u een pauze inlassen van ongeveer 6 uur. Na ongeveer drie weken kunt u voorzichtig proberen of zij zelf al wat kunnen drinken. Sommige fokkers prefereren het gebruik van een sonde, vooral voor pups met weinig zuigreflexen. Een sonde is een dun, flexibel slangetje dat u kunt inbrengen via de bek van de pup naar de maag. Met de spuit die zich aan de andere kant van de sonde bevindt, kunt u zo de melk in de maag spuiten. Sondes geven nogal eens problemen, want het is moeilijk ze op de juiste manier in te brengen. Wanneer dit op een verkeerde manier gebeurt, kan er melk in de longen komen in plaats van in de maag. Hiervan stikt de puppy. Het te snel toedienen van de melk met een sonde is ook gevaarlijk. De sonde hoort ook een goede lengte te hebben, want een te korte of te lange sonde geeft ook problemen. Wat mij betreft laat u het gebruik van een sonde over aan mensen die er ervaring mee hebben. Puppy's die weinig zuigreflexen hebben, kunnen een aangeboren afwijking hebben die op latere leeftijd alsnog fataal kan

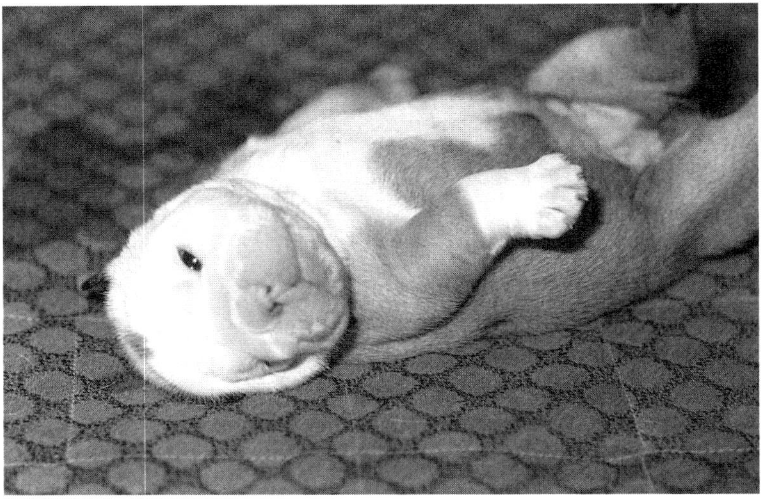

Een Engelse-bulldogpup van ongeveer twee weken oud

blijken te zijn. Meestal geef ik puppy's die weinig tot geen zuigreflexen hebben weinig kans, alle kunstgrepen, tot het geven van suikerwater toe, ten spijt.
Puppy's die met de fles worden grootgebracht, krijgen geen antilichamen van de moederhond mee en zijn daarom ook vatbaarder voor infecties en ziekten. Neem hierover contact op met uw dierenarts. Hij kan besluiten de pups eventueel wat eerder in te enten dan op de leeftijd van 5 tot 6 weken.

De puppy's groeien op

Wanneer de pups bij de moederhond drinken, knipt u de scherpe nageltjes na een aantal dagen wat bij en blijft u dit doen als dat nodig is. De melkklieren van de moederhond staan onder hoge druk en zijn zeer gevoelig. Het gekras van te

scherpe puppynageltjes bezorgt de moeder veel pijn en ongemak.
Vergeet niet de pups, of u ze nu met de fles grootbrengt of de moeder ze zelf verzorgt, iedere dag op hetzelfde tijdstip te wegen. Er moet vooruitgang in het gewicht van de pups zitten. Stilstand of achteruitgang in het gewicht is een teken dat er iets mis is. Mijn ervaring is dat puppy's die meer dan twee dagen lang een flinke achterstand vertonen op de rest van het nest, in bijna alle gevallen het einde van de eerste levensweek niet halen. Volgens verschillende dierenartsen blijven pups die op de een of andere manier toch in leven gehouden zijn, ook op latere leeftijd kwakkelen. U kunt zich afvragen of het in zo'n geval eerlijk is ten opzichte van de pup en de eventuele toekomstige eigenaar dergelijke 'kwakkel'-puppy's koste wat kost in leven te houden.
De oogjes zullen opengaan na ongeveer tien dagen, maar het is niet alarmerend als dit wat later gebeurt.
Pups die door de moeder gevoed en grootgebracht zijn, kunt u vanaf een leeftijd van ongeveer vier weken al wat speenpap voorzetten. Ze kunnen dan al zelf een beetje slobberen. Kies een commercieel bereide speenpap, dan weet u zeker dat de pups geen voedingsstoffen tekort komen.
Rond de leeftijd van vijf tot zes weken belt u de dierenarts om een afspraak te maken voor de puppy-enting. Ik ben er zelf geen voorstander van de pups mee te slepen naar de dierenkliniek. U kunt beter vragen of de dierenarts bij u kan komen. Het is overigens belangrijk een goed contact te onderhouden met uw dierenarts als u een nestje wilt fokken. Er zijn ook dierenartsen die liever geen huisbezoeken afleggen en die 's nachts niet uit hun bed gebeld willen worden voor een keizersnede. Dat kunt u maar beter van tevoren weten, zodat u niet voor verrassingen komt te staan en tijdig op zoek kunt gaan naar een andere dierenarts.

Wanneer de pups ongeveer vijf weken of wat ouder zijn, afhankelijk van de ontwikkeling, kunt u proberen wat geweekte puppybrokjes door de speenpap te mengen, om het nest zo langzaam te laten wennen aan het nieuwe voer.
Houd het ontwormingsschema aan dat de dierenarts u kan verstrekken. De meeste ontwormingskuren worden al gegeven als de puppy's anderhalve week oud zijn. Daarna wordt de kuur nog een aantal malen herhaald totdat de pups naar hun nieuwe tehuizen gaan. Bijna alle pups hebben (spoel)wormen. Zij zijn hiermee besmet door de moederhond, ook al was zij ontwormd. Dit houdt overigens niet in dat de moederhond niet ontwormd hoeft te worden. Een goede ontwormingskuur vermindert in ieder geval het aantal wormen dat de pups via de moederhond opdoen, drastisch.
Uiteraard houdt u het nest vrij van parasieten zoals vlooien. Omdat jonge pups kwetsbaar zijn voor giftige stoffen die in anti-vlooiensprays e.d. voorkomen, kunt u het beste de vlooien met de hand vangen. Er zijn ook verschillende anti-vlooienmiddelen te koop die onschadelijk zijn voor de jonge pups.
De werpkist moet iedere dag ontsmet worden met een voor de dieren veilig ontsmettingsmiddel. Laat totdat de pups hun eerste enting hebben gehad geen vreemde honden of andere mensen of kinderen bij de jonge pups. Het gevaar is te groot dat zij uw nest besmetten.
De tatoeëerder zal bij u langskomen wanneer de pups een leeftijd hebben bereikt van ongeveer 7 tot 8 weken. U krijgt dan ook de aanvraagformulieren voor de stambomen van de tatoeëerder. Hierop vult u bij verkoop van de puppy's de nieuwe eigenaar in, met de naam die op de stamboom van de puppy moet komen. Denk eraan dat de jonge hondjes hun eerste inprentingsperiode bij u thuis doormaken. Laat ze daarom in een vroeg stadium al kennismaken met allerlei voor ons zo normale situaties, zodat dit later geen problemen zal gaan geven.

Nadat de moederhond een nest pups heeft grootgebracht, kan het even duren voordat zij weer 'de oude' is. Haar spierkracht kan wat minder zijn geworden en zij kan laaghangende melkklieren hebben. U kunt het terugtrekken van de melkklieren stimuleren door deze dagelijks in te smeren met kamferspiritus.

Belangrijke adressen

Voor informatie over de rasverenigingen en andere vragen op kynologisch gebied:
Raad van Beheer op Kynologisch Gebied in Nederland
Postbus 75901
1070 AX Amsterdam

Hollandse Bulldoggenclub
Secretariaat
Beneden Beekloop 4C
5662 HM Geldrop
040-286 22 18

Engelse Bulldog Club Nederland
Secretariaat
p/a de heer J. Kloosterhof
Zeewaardin 6
5236 EG 's-Hertogenbosch
073-642 13 71

J.W.H.M. Strikkers, dierenarts
Dierenkliniek Sleeuwijk
Loevestein 2
4254 EH Sleeuwijk
0183-30 17 08

Voor informatie over rasverenigingen en andere zaken op kynologisch gebied in België:

Koninklijke Maatschappij Sint Hubertus
Giraudlaan 98
1030 BRUSSEL
Tel. 02-2454840

Koninklijke Belgische Club van de Franse Bulldog
secretariaat
Mevr. Mylemans
Clemenceaustraat 68
2580 Sit Catelijne-Waver
telefoon: 015-211567

Belgische Engelse Bulldog Club
secretariaat:
Mevr. A. van Noten
Steenbeek 5
2580 PUTTE
telefoon: 015-756221

Dankbetuiging

Dit boek is mede tot stand gekomen dankzij de medewerking van de fam. Rutten, de fam. Kloosterhof, de fam. Rabou, de fam. Lindeijer-Mook (Clubblad HBC) en dhr. Koster (pag. 80), die de foto's ter beschikking hebben gesteld, waarvoor mijn hartelijke dank.
Tevens gaat mijn dank uit naar dhr. Strikkers, die een waardevolle bijdrage aan dit boek heeft geleverd met het hoofdstuk 'Ziekten'.